RAPHAËLLE
Bacqué

ARIANE
Chemin

LA FEMME FATALE

DOCUMENT

J'AI LU

Avant-propos

Lorsque nous avons publié cette enquête, trois jours après le second tour de l'élection présidentielle, nous n'imaginions pas le scandale qu'elle allait susciter. Nous avions décidé de raconter la campagne de Ségolène Royal alors qu'elle n'était pas encore investie par le Parti socialiste pour concourir à l'élection présidentielle, mais il paraissait clair qu'elle avait toutes ses chances. Comment ne pas s'intéresser, quand on aime la politique, à celle qui resterait quoiqu'il arrive la première femme, dans l'histoire française, capable de s'imposer au second tour de l'élection à la présidence de la République ?

Ségolène Royal était audacieuse. Elle paraissait incarner le changement dans un parti vieilli, souvent intolérant, et profondément sclérosé. Mais très vite, l'histoire connut des ratés. Les équipes tâtonnaient. Sur bon nombre de sujets, la candidate semblait improviser. Évidemment, il fallait éviter que cela se voie, ou se sache. Le siège de sa campagne, 282 boulevard Saint-Germain, devenu comme sa deuxième maison, ressemblait à un bunker. Le détail des comptes de campagne, publiés officiellement en janvier 2008, indique que 53 581 euros ont été dépensés par la candidate afin d'acheter « *des appareils de contre-espionnage pour détecter d'éventuelles écoutes* »...

De mémoire de journalistes, nous avions rarement rencontré une campagne aussi opaque. De la « machine de guerre » de la candidate, on savait bien peu de choses. Presque rien n'était dévoilé de sa stratégie, du soin apporté aux nombreuses enquêtes d'opinion commandées à des instituts, de son observation de la campagne sur le net de l'américain John Kerry, ou encore des inspirateurs de la « marque » Royal. « *Je mènerai ma présidence comme j'ai mené ma campagne* », disait pourtant Ségolène Royal. Qu'elle perde ou qu'elle gagne, les secrets de fabrication valaient d'être racontés.

Pourquoi *La femme fatale* a-t-il alors provoqué, au lendemain de sa publication, un tel émoi ? Pour plusieurs raisons, qui valent sans doute d'être racontées. La présence de femmes en politique n'est heureusement pas nouvelle. À ce niveau-là, pourtant, Ségolène Royal était une pionnière : elle en fit très vite d'ailleurs l'un des arguments de la « révolution politique » qu'elle entendait imposer. De sa féminité, elle fit aussi son meilleur bouclier. Non sans raison : durant la campagne des « primaires », la présidente de la région Poitou-Charentes avait été la cible d'attaques d'un autre âge. Mais, du coup, chaque journaliste un peu trop curieux était renvoyé à sa misogynie supposée : « *Vous ne poseriez pas cette question à un homme* », lança-t-elle un jour qu'on l'interrogeait sur la guerre en Irak.

La gauche se trouvait par ailleurs dans une situation aussi inédite que complexe. En avril 2002, Lionel Jospin avait été éliminé au soir du premier tour par le chef du front national, Jean-Marie Le Pen. Plusieurs journalistes qui suivaient la campagne du candidat socialiste avaient laissé couler des larmes à l'annonce de ce « coup de tonnerre ». Et ce traumatisme initial avait rendu les électeurs mais aussi les observateurs prudents : tout plutôt que de revivre un nouveau « 21 avril ». Surtout ne pas effrayer une partie ou l'autre de l'électorat de gauche.

C'est dans ce contexte que deux hommes, le philosophe Bernard-Henri Levy et le « républicain » Jean-Pierre Chevènement, politiquement à mille lieues l'un de l'autre, prirent sur la candidate un ascendant que curieusement, dans la presse, personne n'osa évoquer. Ils figurent en bonne place dans *La femme fatale*, mais il fallut attendre les livres de Bernard-Henri Levy, *Ce grand cadavre à la renverse* (Grasset), en septembre 2007, puis celui de Ségolène Royal elle-même, *Ma plus belle histoire d'amour c'est vous*, chez le même éditeur, en décembre, pour que soit officiellement confirmée l'influence de ces deux *speech-writers*.

Enfin, *La femme fatale* avait fini par buter sur un point obscur et tabou : la vie privée. Les militants s'interrogeaient de plus en plus, en silence, sur le malaise qui semblait entourer le couple. Sur les radios et les télévisions, le patron du PS contredisait régulièrement les propositions de celle qu'il appelait froidement « la candidate » et qui n'était autre que sa compagne depuis vingt ans. François Hollande fut vite relégué sur les routes de France, baladin solitaire courant de tréteau en tréteau. Des responsables socialistes allaient-ils trouver le premier secrétaire du PS pour lui demander de faire remonter des informations à « Ségolène » ? Ils trouvaient un homme démuni, et constataient vite que leurs messages n'étaient pas transmis. Assurément, quelque chose ne tournait pas rond dans la campagne de la candidate socialiste.

Presque malgré nous, nous avons fini par redessiner notre enquête. Il est faux et absurde de dire que tout le monde connaissait le conflit privé qui animait le couple Royal-Hollande. Si certains, amis ou adversaires, nourrissaient discrètement, sans forcément en saisir les méandres, la chronique tumultueuse de ce duo baroque (affirmant ainsi tout haut, comme son porte-parole Arnaud Montebourg, que *« le principal défaut de Ségolène Royal, c'est son compagnon »*), la plupart des socialistes restaient paralysés devant ce « trou noir » politique.

Si ce conflit n'avait relevé que de la seule intimité d'un couple, assurément, nous ne l'aurions pas évoqué. La transparence absolue est souvent l'apanage du totalitarisme et nous ne sommes pas des inconditionnelles de la presse anglo-saxonne, dont les gros tirages souvent vantés ont leur triste pendant : le voyeurisme vulgaire. Mais nous comprîmes bientôt que les principaux animateurs de la campagne socialiste – Julien Dray, François Rebsamen, Sophie Bouchet-Petersen ou Natalie Rastoin – étaient les témoins d'une querelle qui pesait sur l'organisation, la conception et le déroulement de la campagne socialiste. Voilà que nous découvrîmes que le frère de la candidate, Gérard Royal, puis son fils aîné, Thomas Hollande, avaient fait pression sur l'hebdomadaire *Paris-Match* pour « déplacer » une journaliste qui semblait un peu trop « *préoccuper* » – c'est notre terme, oh combien prudent ! – François Hollande.

Pourquoi taire cette information ? Lorsque Nicolas Sarkozy s'était insurgé contre la une que le même hebdomadaire avait consacrée à sa femme Cécilia et son amant Richard Attias, *Le Monde* avait raconté la sanction qui avait frappé le directeur de la rédaction de *Match*, Alain Genestar, prié de s'en aller quelques mois plus tard. Dans les deux cas, Arnaud Lagardère était aux commandes. Pourquoi traiter différemment les deux candidats à l'élection présidentielle, dénoncer les méthodes de l'un, taire les pressions de l'autre ?

Nous étions confrontées à une situation inédite : un couple politique, l'une candidate, l'autre dirigeant du Parti socialiste. Certes, tout n'a pas été toujours facile, dans l'histoire politique de ces vingt dernières années, entre les différents patrons du PS et les candidats socialistes qui ont tenté leur chance à la présidentielle : les différends entre

Lionel Jospin et François Mitterrand avaient ainsi largement alimenté la chronique de la présidentielle de 1988. Mais le conflit au sein du fameux tandem formé par Ségolène Royal et François Hollande n'était pas de la même nature. La rivalité politique se doublait d'une blessure affective qui laissait soudain peu de prise à la raison. Une partie de leurs proches nous l'expliquèrent durant notre enquête, et c'est cela aussi qui fit scandale. Quelques mois après Julien Dray lui-même est venu conforter cette analyse dans *Règlements de compte* (Hachette littératures) publié en novembre 2007 : « *Cette campagne aurait pu, aurait dû ressouder le couple. Au contraire, elle va les éloigner l'un de l'autre, déchirer leur entente, fragiliser la candidate et désorienter le premier secrétaire, dont l'entourage, furieux de s'être fait voler la vedette, ne fera rien pour arranger la situation.* » Le porte-parole s'en lamente : « *Sans François, Ségolène perd son confident politique. Sans Ségolène, François perd sa témérité intellectuelle. L'un et l'autre méritaient mieux. Nous aussi, qui avons perdu l'élection présidentielle.* »

Témoins malgré eux de cette brouille sentimentale, le numéro deux du PS François Rebsamen, le porte-parole Julien Dray et l'avocat de la candidate, Jean-Pierre Mignard, comprirent vite que la réconciliation ne serait pas au programme durant la campagne. Ils choisirent leur camp : celui de « Ségolène ». Ami du couple, Jean-Pierre Jouyet, directeur du Trésor, seul à refuser de trancher entre François et sa compagne, fut purement et simplement écarté de la campagne par la candidate. Comment expliquer que l'ancien directeur de cabinet adjoint de Lionel Jospin ait ensuite rallié le gouvernement de François Fillon comme ministre des Affaires européennes si l'on ne raconte pas, comme nous l'avons fait dans cette enquête, tous les ressorts de cette spectaculaire décision ?

C'est parce que ce « privé » s'imbriquait dans la campagne et qu'il l'éclairait que nous avons choisi de l'évoquer. C'est aussi parce que Ségolène Royal n'a cessé d'utiliser ce qui nous semble relever de son intimité comme une arme et un argument politique que nous l'avons fait sans complexes.

Depuis le début des années 1980, la France entière avait pu suivre le parcours et l'ascension des deux jeunes énarques prometteurs. François Hollande et Ségolène Royal, en bons enfants de leur génération cathodique, occupaient largement le petit écran. Durant toutes les années 1980, Ségolène Royal a ainsi occupé, l'après-midi, les plateaux des émissions de variétés. Laissé entrer chez elle les caméras pour filmer quatre enfants et leurs parents si modernes, adeptes du partage des tâches, donnant tour à tour le biberon. En 1992, France 2 et *Paris-Match* avaient même été conviés dans sa chambre de jeune accouchée, alors qu'elle était ministre de l'Environnement en exercice. Dans une émission de « Sagas », dont les incrédules peuvent vérifier l'existence sur Dailymotion, elle osait même suggérer à François Hollande de la demander en mariage devant la caméra — ce qu'il refusait, mal à l'aise, rosissant et gêné.

L'abolition de cette frontière entre vie privée et vie publique n'a pas cessé durant la campagne. C'est aux côtés de sa plus jeune fille, et à nouveau dans *Match*, que Ségolène Royal déclara sa candidature. C'est son fils Thomas qu'elle nomma responsable de la « Ségosphère », contre l'avis de François Hollande, qui a toujours trouvé son aîné trop tendre pour ce dur métier. Durant la campagne, le 29 juin 2006, c'est par journalistes interposées que Ségolène Royal demanda à nouveau son compagnon en mariage. Avant de mettre en cause, dans un livre d'entretiens avec Marie-Françoise Colombani, *Ensemble*, « l'entourage » politique de François Hollande, coupable, selon elle, d'avoir fait capoter l'union !

Enfin, même après avoir attaqué notre livre au nom de l'atteinte à sa vie privée[1], Ségolène Royal ne dételа pas. Dans *Ma plus belle histoire, c'est vous*, publié à l'automne 2007, la présidente de la région Poitou-Charentes invite et autorise chacun, électeur et journaliste, sans pudeur aucune, à venir se pencher sur sa prochaine aventure sentimentale. « *La candidate n'a pas trouvé l'épaule où*

1. Dès le 9 mai 2007, trois jours après le second tour de l'élection présidentielle, mais deux jours avant la sortie de *La femme fatale*, Ségolène Royal fit savoir à l'AFP qu'elle souhaitait attaquer notre livre en justice. Nous sommes aujourd'hui assignées pour « atteinte à l'intimité de la vie privée et diffamation ». La candidate nous réclame à ce jour, avec François Hollande, 150 000 euros de dommages et intérêts.

poser son front pour se lâcher, pour pleurer quand c'était dur (ou pour rire dans les moments joyeux)... Pour gagner une prochaine fois, il faudra le soutien de tout un parti et d'un compagnon amoureux, à fond avec la candidate. »

C'est l'un des points communs de Ségolène Royal avec son adversaire Nicolas Sarkozy : la maîtrise de la communication. Avec trois principes : tout montrer, mais ne rien dévoiler, à ses conditions, selon son calendrier. Le 17 juin, le site Internet de *Marianne*, puis l'AFP, puis France 3 annoncèrent pourtant, quelques heures avant ce que la candidate défaite avait prévu, la nouvelle : Ségolène Royal avait réclamé la séparation à son compagnon. Sur France-Inter, le lundi matin, elle commenta – pour la première et dernière fois, promettait-elle – cette « *décision à caractère privé, mais politique aussi* », comme le souligna la journaliste qui la confessait. « *Nous avons décidé de ne plus être ensemble [...]. C'est important de dire les choses telles qu'elles sont pour qu'on soit bien au clair à la fois vis-à-vis de nous-mêmes et vis-à-vis des autres [...]. J'ai proposé à François de vivre sa vie de son côté et il l'a accepté [...]. Il y avait beaucoup d'interrogations sur les relations qui nous liaient et l'impact qu'elles pouvaient avoir sur la vie politique [...]. Aujourd'hui les choses seront beaucoup plus claires* », assure-t-elle. Mais, en mêlant son annonce au verdict des élections législatives – « *nous rentrons dans une nouvelle étape* » –, elle continuait à tout brouiller.

Les langues ont alors commencé à se délier. *La femme fatale* avait dérangé et même parfois choqué. L'annonce officielle d'une séparation a soudain levé les réserves. La réalité l'a légitimé. Un spectacle inédit a cueilli à froid les socialistes au soir même du second tour des élections législatives. Tour à tour, au siège du Parti socialiste, François Hollande et Ségolène Royal sont venus commenter, au même pupitre, à cinq minutes de distance, les résultats du premier tour, comme si le parti était bicéphale. Mais sur les plateaux de télévision, Manuel Valls osa se montrer brutal et cruel : « *J'en ai assez que la vie politique tourne autour de la vie d'un couple.* »

Depuis, beaucoup au PS sont venus confirmer par écrit notre enquête. Rue de Solférino, « *tels des enfants inquiets des disputes de papa-maman, on ne parlait que de ça* », se souvient le député socialiste Jean-Christophe Cambadelis, proche de « DSK », dans *Parti pris* (Plon). « *Les relations personnelles de Ségolène et François, c'est le triangle des Bermudes. Tout le monde préfère faire un détour, de peur de disparaître* », ajoute le fabiusien Claude Bartolone dans *L'élection imperdable* (l'Archipel). Mêmes les plus fidèles supporters s'en mêlent : « *Je l'ai vécu de près, parfois on se posait des questions, pourquoi il y avait des difficultés de rapports entre le parti et la candidate* », commente le chef du groupe socialiste à l'Assemblée nationale, Jean-Marc Ayrault, proche de Ségolène Royal. « *Il y avait des aspects humains qui jouaient à l'évidence.* »

Tout s'éclaire enfin. On se met à évaluer l'importance du différend sur la campagne. « *Cette part d'ombre qu'ils ont maintenue sur leurs rapports depuis la désignation de l'une et pas de l'autre a certainement eu un impact sur la campagne.* » écrit encore Claude Bartolone. En octobre, le jeune Benoît Hamon, député européen et porte-parole du PS, clôt le débat dans *Technikart* : « *La séparation Royal-Hollande a posé un problème politique.* »

Et Ségolène Royal ? Elle a été sonnée par la défaite, à l'évidence[1]. Trois mois plus tard, et malgré ses promesses de France-Inter, elle a évoqué, à nouveau dans son livre, le poids de son conflit sentimental durant ces cinq mois de labeur : « *Pendant la campagne, la candidate se disait : demain, c'est le bon jour, [François Hollande] va basculer vers moi, s'y mettre à fond, comprendre que des millions de gens attendent que l'on s'oublie pour penser à eux. Et ce jour n'est jamais venu.* »

Mais elle n'a renoncé à rien et surtout pas à ses ambitions présidentielles. En bonne élève de François Mitterrand, elle sait qu'il ne faut jamais se laisser abattre, et espère seulement n'avoir besoin que d'un autre essai – et non de deux, comme son modèle – pour s'installer à la tête de l'État. Son livre n'a rien d'une autocritique, mais

1. En cas de victoire, une seconde couverture avait été préparée par notre éditeur, Albin Michel. Titre de l'ouvrage : *La présidente*. Seules l'introduction et la conclusion du livre, rédigées dans la nuit du 6 au 7 mai, auraient été différentes. Le corps du livre, déjà envoyé à l'impression, aurait été strictement semblable.

elle y évoque la désorganisation de sa campagne. Elle a entendu ceux qui lui disaient qu'elle jouait trop « perso », et rencontre aujourd'hui à déjeuner ou à dîner tous ceux qu'elle boudait ou qui l'avaient boudée : champagne rosé avec l'écrivain Marc Lambron, qui l'avait moqué autrefois dans un livre, *Allons voir si la rose*, déjeuner chez *Laurent* avec le conseiller de Nicolas Sarkozy, Alain Minc, aux *Charpentiers* avec Franz-Olivier Giesbert, le patron du *Point*...

A-t-elle corrigé toutes les erreurs et les désordres du passé ? Si l'on reprend le cours de l'histoire...

Janvier 2008

Introduction

Elle rit. Elle envoie des baisers. Elle chante même, *La Marseillaise* a cappella. Pour un peu, on la croirait victorieuse. Elle vient pourtant d'être défaite dans un score sans appel : seuls 46,94 % des Français ont voté pour elle, ce dimanche 6 mai. Ses groupies crient toujours son prénom, « *Ségolène* ». Ils la veulent « *présidente* ». Et c'est une chose étrange que de voir ce sourire radieux nier la réalité politique du moment.

À quelques pas de là, rue de Solférino, François Hollande semble attendre son jugement. C'est peu dire qu'il a longtemps redouté cette heure de vérité. Depuis longtemps, pourtant, il a vu se profiler la défaite. Il sait que, aux yeux de tous les cadres socialistes, inquiets de la rude campagne des législatives qui s'annonce, il est tenu autant – voire davantage – responsable de cet échec que sa compagne. Pendant que « Ségolène » savoure ses derniers vivats, il entend déjà les couteaux qui s'aiguisent dans son dos.

Si l'on veut comprendre cette incroyable histoire, il faut revenir quelques mois en arrière. Lorsque chacun répétait comme une antienne, au siège du PS : « *La gauche ne peut pas perdre.* » Cinq ans auparavant, le 21 avril 2002 avait sonné comme un « coup de tonnerre » dans le ciel politique français. Pétri de mauvaise conscience après cette éviction du second tour du combat présidentiel, tous en étaient sûrs, le « peuple de gauche » se mobiliserait et voterait « utile » dès le 22 avril. Les émeutes des banlieues, à l'automne 2005, la mobilisation de la jeunesse contre le CPE, au printemps 2006 favoriseraient la gauche. Quant à la bonne vieille règle de l'alternance, toujours vérifiée depuis 1974, elle condamnerait la droite. Comment Nicolas Sarkozy, ministre du gouvernement sortant, pouvait-il incarner le changement ?

C'est avec cette certitude bien ancrée que les socialistes ont cru qu'ils pourraient faire l'économie d'une rénovation entreprise depuis longtemps par les autres pays d'Europe. Et c'est dans ce contexte qu'a surgi Ségolène Royal, candidate improvisée d'une course à la présidentielle pour laquelle se préparait depuis longtemps son compagnon.

Mais les défaites portent aussi, souvent, leur part de mystère. Celle de 2007 n'échappe pas à cette règle. Sur la scène publique, on a vu un parti en souffrance. Dans la coulisse, se déchirait aussi un couple[1]. D'un côté, un homme prévisible, attaché, depuis dix ans qu'il dirige son parti, aux alliances classiques et aux dogmes de la gauche.

1. Ces propos sont contestés par François Hollande et Ségolène Royal et ont donné lieu à une procédure engagée à leur demande pour atteinte à la vie privée devant le Tribunal de Grande Instance de Paris.

De l'autre, une femme insaisissable et secrète, solitaire mais capable de s'attacher la ferveur populaire : fatale, en un mot. Avec eux, la politique est devenue, le temps d'une campagne, résolument romanesque, nourrissant une de ces sagas que seuls les Français savent vivre et inventer.

1

Trahisons

Depuis la fin de l'automne 2005, elle appelle leurs amis les uns après les autres. « *Tu as vu les sondages ? Ceux de François... Les miens...* » En général, elle n'a pas longtemps à attendre. Dans la bande qui entoure Ségolène Royal et François Hollande, tout le monde baigne peu ou prou dans les lacs profonds du pouvoir. Parmi ce petit cercle qui se croise et se retrouve depuis plus de vingt ans lors de vacances sur la Côte d'Azur ou dans les cabinets ministériels, la présidentielle est un horizon de chaque instant.

Quand Ségolène appelle, donc, ils devinent ce qu'elle réclame. « *Tu as vu les sondages ? Ceux de François... Les miens...* » Après la débâcle de 2002, Ségolène Royal avait conseillé à l'homme qui partage sa vie : « *Fais-toi une petite équipe à Solférino avec nos amis. Prends les deux Jean-Pierre, Jean-Maurice et Jean-Yves Le Driant. Avec eux, tu rénoveras le PS !* » Trois ans plus tard, c'est elle qui finalement les sollicite. Les deux Jean-Pierre ? Ce sont l'ancien conseiller de Lionel Jospin, Jean-Pierre

Jouyet, vieux copain de la promotion Voltaire à l'ENA où Ségolène Royal a rencontré François Hollande, et l'avocat Jean-Pierre Mignard, parrain de deux des quatre enfants du couple. Jean-Maurice Ripert est l'ancien conseiller diplomatique du premier ministre Lionel Jospin. Même si François Hollande adore ferrailler avec ces amis, tous des anciens des clubs Témoins de Jacques Delors, il n'a pas suivi les conseils de sa compagne. Il préfère les fréquenter en vacances plutôt que de les sentir tous les jours, rue de Solférino, penchés comme des consciences par-dessus son épaule.

« *Tu as vu les sondages ? Ceux de François... Les miens...* » C'est la première fois qu'ils sont placés devant un tel dilemme. Si Ségolène les soumet à cette petite analyse comparative des cotes de popularité respectives de son couple, c'est qu'elle veut qu'ils choisissent. Entre elle. Et lui. Entre le copain qui les fait rire et les enthousiasme depuis si longtemps. Et celle que tous ont connue silencieuse et discrète, et qu'ils observent prendre maintenant son envol.

Eux seuls savent qu'elle ne réclame pas seulement un choix politique. Au sein du Parti socialiste, personne n'a compris la tempête qui secoue le couple. L'orage couvait, il a éclaté[1] juste après le congrès du Parti socialiste qui s'est tenu au Mans, en novembre 2005. C'est un congrès difficile et François Hollande y est arrivé comme un conva-

1. Ces propos sont contestés par François Hollande et Ségolène Royal et ont donné lieu à une procédure engagée à leur demande pour atteinte à la vie privée devant le Tribunal de Grande Instance de Paris.

lescent. Le PS est déchiré depuis le référendum sur la constitution européenne du 29 mai, et son chef, qui défendait ardemment le « oui », est franchement ébranlé. Au Mans, il a donc dû déployer tout son art du compromis pour se maintenir à la tête du parti, composer une synthèse politique entre les courants socialistes et paralyser ses rivaux, Laurent Fabius, Dominique Strauss-Kahn et le remuant Arnaud Montebourg. « *C'est le moment de François* », a répété pendant le congrès Ségolène Royal, espérant qu'après cette ultime synthèse, son compagnon songera enfin à rénover son parti et à incarner la nouvelle génération socialiste.

De retour à Paris, c'est pour remercier les deux hommes qui l'ont aidé à réaliser sa synthèse que Hollande invite à dîner chez Lipp Julien Dray, son ami de vingt-cinq ans, et François Rebsamen le numéro deux du parti. Vers 22 h 30, le téléphone mobile du premier secrétaire vibre ; il y répond en chuchotant et quitte prématurément la table sans explication, laissant seulement sa Carte bleue à ses invités pour qu'ils puissent régler l'addition. Ségolène Royal cherche un peu plus tard à le joindre sans succès ; elle appelle alors Dray et Rebsamen, croyant toujours François avec eux.

Dans un couple, on ne sait jamais pourquoi un nouveau geste, unc absence imprévue, ressemblent un jour à une trahison insupportable. Les deux collaborateurs de François Hollande deviennent en tout cas les témoins involontaires d'une querelle intime, acteurs implicites, dès ce jour, de ce qui va devenir la toile de fond d'une aventure politique inédite.

Depuis quelque temps, déjà, Ségolène Royal multiplie les scènes, jalouse. Elle s'est toujours agacée de voir François papillonner dans les couloirs de l'Assemblée nationale, rechercher la fréquentation de la presse, perdre de longues heures, au déjeuner, à l'enchanter de ses bons mots. Elle s'inquiète aujourd'hui de le voir trop préoccupé d'une journaliste, belle, blonde et vive, chargée par son journal de suivre le PS[1]. Tant pis pour la sacro-sainte règle qui sépare vie privée et action politique : Ségolène demande à Thomas, l'aîné de ses quatre enfants, de se mêler de l'affaire. Le jeune garçon téléphone à la direction du magazine pour l'enjoindre de décharger la journaliste de sa rubrique.

Elle enrôle ensuite son frère, Gérard. Lui a de l'autorité. Lui saura se faire entendre. Gérard Royal est en effet un ancien officier du service « Action » de la DGSE, les services secrets français. Il a participé, en juillet 1985, à l'expédition catastrophique menée dans le port d'Auckland, en Nouvelle-Zélande, contre le bateau de Greenpeace. C'est lui qui a emmené les deux nageurs de combat chargés de poser les bombes sous la coque du *Rainbow Warrior*. Bricoleur de génie, il s'est reconverti dans le secteur lucratif de l'intelligence économique et de la sécurité privée. C'est avec ses mots d'ancien militaire qu'il téléphone aux supérieurs hiérarchiques de la journaliste : « *J'ai peur que notre opération échoue si votre rédactrice continue à suivre*

1. Ces propos sont contestés par François Hollande et Ségolène Royal et ont donné lieu à une procédure engagée à leur demande pour atteinte à la vie privée devant le Tribunal de Grande Instance de Paris.

François. » Son message est clair. La jeune femme est déplacée.

Très vite, les amis de toujours devinent que l'affaire est grave. Ce petit groupe a toujours vu François et Ségolène ensemble. Ils connaissent leurs ambitions respectives et leurs personnalités complémentaires. Lui, ses rondeurs, son humeur égale, et ce talent qu'il met à fuir tous les conflits – jusque dans sa famille – à coup de pirouettes et de plaisanteries. Elle, plus raide mais s'effaçant toujours pour lui laisser la vedette, bien souvent seule à assumer l'autorité sur les enfants et les gronderies qui vont avec. François Hollande a plus d'une fois résumé leur association : « Un couple, deux libertés. »

Ils savent que pour Ségolène le mariage n'est pas un modèle. Question d'histoire personnelle. Elle a vu sa mère, Hélène, se soumettre pendant plus de vingt ans à l'autorité rigide de son mari, le lieutenant-colonel Jacques Royal. Elle en a gardé une image, celle des chaînes de la vie conjugale, et le souvenir d'une rupture violente : lorsque sa mère, enfin insoumise, a quitté la maison un jour d'hiver des années 1970. En François, Ségolène a trouvé l'exact contraire du modèle paternel. Un homme souple, drôle, ouvert et aimable, acceptant l'ambition de sa compagne. Elle a longtemps affiché sa fierté de n'avoir pas besoin des cadres rigides du mariage ou du Pacs. La morale personnelle, exigeante, intransigeante même, suffit.

En cet automne 2005, donc, Ségolène Royal a choisi d'imposer de la distance entre eux. Plusieurs des amis de la petite bande ont dû offrir l'hospitalité à François Hollande. Le couple Jouyet, d'abord, l'a accueilli chez lui. Puis Julien Dray. Jean-Pierre Mignard, enfin, a ouvert les portes de son appartement de poutres et de guingois, près de la Bastille[1]. Le 31 décembre, Mignard et Dray ont emmené François à Clichy-sous-Bois pour un réveillon improvisé. Ségolène, elle, a choisi de passer ses vacances d'hiver aux Antilles, avec sa fille Flora. Ils ne savent que penser, mais chacun pressent maintenant qu'elle aura moins de scrupules à décider seule de sa carrière politique.

Jusque-là, chaque fois qu'elle gravissait un nouvel échelon du pouvoir, Ségolène Royal s'est toujours inquiétée du sort de son compagnon. Même favorite des sondages, elle a ménagé l'ambition présidentielle de Hollande. Mais le patron du PS découvre tout à coup que ses entretiens avec la presse sont un bon baromètre des états d'âme de leur couple. Au *Monde* qui l'interroge sur la candidature éventuelle d'une femme, le 7 septembre, avant le congrès du Mans, elle explique tranquillement : « *François a donné la ligne : celui ou celle qui sera le mieux placé(e) ira.* » Quelques jours plus tard, elle ne l'avertit pas des mots dont elle va user dans *Paris-Match* : « *Si à un certain moment, il s'avère que je suis la mieux placée et donc que je suis sollicitée par le PS pour faire gagner mon camp, je le ferai.* »

1. Ces propos sont contestés par François Hollande et Ségolène Royal et ont donné lieu à une procédure engagée à leur demande pour atteinte à la vie privée devant le Tribunal de Grande Instance de Paris.

Ceux qui la connaissent ne découvrent pas son ambition nouvelle. Fin 1994 déjà, elle a songé sérieusement à se présenter à l'investiture socialiste. Jacques Delors, le modèle du couple depuis plusieurs années, vient alors de renoncer à se lancer dans la bataille. Sa fille Martine Aubry, pourtant approchée par les rocardiens, ne se sent pas encore prête. La gauche ne possède quasiment aucune chance d'emporter la victoire en 1995 et d'imposer un successeur à un François Mitterrand agonisant et sali par les affaires. Ségolène Royal estime pourtant que tout candidat socialiste qui obtiendra un score honorable à la présidentielle s'imposera dans le paysage politique à venir. Alors, pourquoi pas elle ?

« Ne complique pas encore les choses... », soupire François Hollande. Lionel Jospin va briguer l'investiture du PS, comme le premier secrétaire du parti de l'époque, Henri Emmanuelli. Qui se souvient aujourd'hui du coup d'éclat de Ségolène ? Le 24 janvier 1995, elle démissionne de la présidence du conseil national du PS en lâchant ce mot fameux soufflé par l'ami Jean-Pierre Mignard : *« Deux trains sont lancés l'un contre l'autre ! Écartez-vous des voies ! »* Dix ans plus tard, maintenant qu'une présidentielle vient à nouveau changer le destin de la gauche, elle pèse ses chances. *« Tu as vu les sondages ? Ceux de François... Les miens... »*

Les ambitions secrètes n'ont parfois besoin que d'une âme pure pour affleurer à la surface. S'il fallait écrire l'archéologie de la candidature de Ségolène Royal, il faudrait peut-être remonter à l'été

2005. Julien, le second fils du couple Hollande, dîne avec son parrain, le pénaliste Jean-Pierre Mignard, dans un restaurant du quartier Montparnasse. Julien est étudiant dans une école de cinéma mais adore la politique. Le filleul explique que, s'il avait été majeur, il aurait sans doute voté « non » au référendum sur la constitution européenne qui s'est déroulé en mai. Ils évoquent l'avenir de la gauche. « *Et toi, qui vois-tu comme candidat pour le PS ?* » demande en souriant Mignard. Julien lève son regard clair vers son parrain interloqué et, rougissant légèrement, lâche : « *Maman.* »

Mignard est frappé par cet aveu. Le lendemain, en arrivant au cabinet, il croise son tout jeune associé, Emmanuel Tordjman, et lui raconte la scène. L'avocat écoute, et sourit : « *Il a raison.* » L'idée chemine : désormais, Jean-Pierre Mignard regarde Ségolène avec d'autres yeux.

Julien Dray est le second à choisir. Dray est l'ami du couple depuis vingt-cinq ans. L'été, ils ne cessent de se voir, sur la Côte d'Azur où Dray possède une maison à Vallauris, pas très loin de Mougins. Jusque-là, il paraissait clair qu'il se sentait plus proche de François. Ses amis l'ont même entendu lancer à plusieurs reprises, dans une drôle de boutade : « *Si Ségolène est candidate, je m'exile en Israël.* » Il n'est pourtant pas si éloigné d'elle. Depuis qu'il est devenu l'un des experts de la sécurité de son parti et rêve de devenir ministre de l'Intérieur, il s'affiche comme un adepte du retour à l'ordre et à l'autorité en des termes qu'elle ne renie pas. L'amitié cependant, demeure, à ses yeux, une affaire d'hommes et, solidarité masculine oblige, il juge bien souvent Ségolène passablement « *casse-couilles* ».

La victoire du « non » au référendum sur la constitution européenne a pourtant sapé la légitimité du premier secrétaire et obéré ses chances pour la présidentielle. Depuis le congrès du Mans, la confiance de Dray est ébranlée. Ancien militant de la Ligue communiste révolutionnaire, le fondateur de SOS Racisme qui a couvé dans son écurie tant de jeunes leaders étudiants a longtemps navigué dans les minorités du PS. François Hollande l'a fait revenir dans la majorité à l'occasion d'un congrès du parti à Dijon, en mai 2003. Depuis, Dray est l'homme censé démêler toutes les crises de la direction et débusquer tous les coups fourrés, le téléphone portable greffé à une oreille. Il s'est toujours rêvé en Pygmalion des vainqueurs. Hollande était devenu son champion.

Or, alors que Dray espérait devenir numéro deux du PS, son ami lui a préféré François Rebsamen, plus solide, mieux organisé. Enfin, alors qu'il insistait pour écarter de la direction du parti le héraut du « non », Laurent Fabius, Hollande a choisi tout l'inverse et l'a fait revenir dans le jeu. « *François a un problème psychologique : il ne tranche jamais,* répète depuis Julien Dray. *Il compose toujours, il ne fait jamais preuve d'autorité. Il ne sait pas tuer.* »

En cet automne 2005, Dray n'ignore évidemment rien des tensions du couple. Aux premières loges, il a vite compris que la crise conjugale prendrait un tour politique. À la mi-décembre, Ségolène l'invite dans son bureau à l'Assemblée nationale et lui explique : « *Il faut que tu m'aides.* » Soit. Doucement, « Juju » entreprend de préparer François à l'impensable. « *Écoute, pour l'instant, elle est portée,* explique-t-il. *Ne te mets pas en travers de sa route. Soit cela marche pour elle, et tu ne pourras pas faire autrement que de l'aider. Soit cela se dégonfle, et elle te passera le bâton pour que tu prennes le relais.* »

Il n'est pas le seul à être ébranlé par les sondages. François Rebsamen observe lui aussi l'ascension de Ségolène Royal. Lui aussi saisit la tension qui règne au sein du couple. Il est bien trop intelligent pour ne pas avoir compris que le froid qui s'est installé entre eux peut se transformer en rivalité politique, mais se refuse, lui, à s'immiscer dans cette intimité. Il se contente de maintenir un semblant d'équilibre entre son intérêt pour les succès de Ségolène et sa fidélité à François, mais suit avec une attention toute nouvelle l'évolution de leurs cotes de popularité respectives. Au début du mois de janvier 2006, il encourage la députée des Deux-Sèvres à se rendre à Santiago pour apporter le soutien du PS à Michelle Bachelet, candidate à la présidence du Chili. Invité d'Europe 1, il chante ses louanges. Il n'est pas sorti du studio que son téléphone vibre. C'est François Hollande :

« *Tu as été très sympa pour Ségolène...*

— *Oui, c'est un problème ?* demande Rebsamen, faussement candide.

— *Non, mais tu as été drôlement sympa tout de même...* »

Si Julien Dray a choisi, si François Rebsamen doute, les autres amis se maintiennent dans un délicat attentisme, désolés et chagrinés. Ils n'ont pas envie de trancher, de choisir l'un contre l'autre, et suivent dans la presse l'amorce de ce duel en duo. Jean-Pierre Jouyet et sa seconde épouse Brigitte Taittinger en particulier sont écartelés. Brigitte, la P-DG des parfums Annick Goutal, est devenue l'amie de Ségolène, lui reste d'abord celui de François. Élégants, ils voudraient bien ne pas avoir à prendre parti dans cette affaire privée avant d'être politique.

C'est pourtant ce que Ségolène Royal leur demande. Depuis qu'ils ont hébergé François Hollande, elle semble leur en vouloir. Les signes d'amitié se sont raréfiés, les coups de fil sont devenus l'exception. Désarmés, Jean-Pierre Jouyet et Brigitte Taittinger pensent bien agir en leur offrant à l'un et à l'autre d'être les témoins de leur mariage, le 28 janvier 2006. Ils croyaient arranger ainsi les choses, ils les enveniment. Ségolène Royal se montre intransigeante. Si François en est, elle ne viendra pas. Elle a soudain des « *problèmes d'agenda* », elle doit « *rester en Poitou-Charentes* ». On lui propose de les rejoindre pour déjeuner, le lendemain. C'est non.

Le dernier coup de téléphone que recevra le patron de l'inspection des Finances, Jean-Pierre Jouyet, en juin 2006, c'est celui-là : « *Tu as vu les sondages ? Ceux de François... Les miens... — J'ai vu* », répond l'ami fidèle, celui à qui François avait laissé la place à l'inspection des Finances, lors du classement final de l'ENA. « *Mais tu sais, les sondages... Enfin, nous pouvons en discuter avec François, si tu veux.* » Depuis, plus rien. Seule Brigitte Taittinger a encore la chance de recevoir un texto pour la nouvelle année. Jean-Maurice et Claudine Ripert, auxquels Ségolène Royal reproche d'avoir abordé leur vie conjugale avec des journalistes qui enquêtaient sur cette double ambition, ont eux aussi été rayés de la liste des amis. La défiance s'est installée. Ségolène ne donne plus de nouvelles.

La politique a parfois des ressorts insoupçonnés. Plusieurs petits événements politiques ne pourront en réalité s'interpréter plus tard qu'à l'aune de cette brouille. Jean-Pierre Jouyet rejoindra au printemps 2007 quelques hauts fonctionnaires et banquiers d'affaires qui, au sein du groupe des Gracques, appellent à une alliance entre socialistes et centristes. Jean-Maurice Ripert, qui adressera en urgence une note sur la Chine à une Ségolène Royal démunie et mal préparée, la veille de son départ pour Pékin, se verra retourner son travail avec ce commentaire cinglant : « *Ce n'est pas une note, c'est une tribune.* »

Parfois, lorsqu'ils évoquent entre eux leur disgrâce, les amis s'étonnent encore de ce qui est arrivé. « *Une histoire pareille,* soupire l'un, *tellement incroyable, on n'oserait même pas en écrire le scénario.* » Ils se disent alors que cette aventure vers le pouvoir, cette ambition libérée par la trahison, ressemble « *à un roman qu'il faudra un jour raconter* ».

2

Une place pour deux

« *En politique, il n'y a pas de place pour deux.* » C'est le sentiment profond de François Hollande en ce début d'année 2006. Avec Ségolène Royal, ils font bonne figure politique et tentent, pour des raisons diverses, de tenir cachés les vagues à l'âme de leur couple. Mais ils se taisent, au fond, leurs stratégies. Elle est au plus haut dans les sondages. Il stagne à des scores médiocres. Ségolène est pourtant obligée de le constater : François croit encore en ses chances.

En janvier, lorsque Alain Duhamel, qui suit en expert toutes les élections présidentielles depuis 1974, recense dans un livre les « prétendants » pour 2007, elle constate, stupéfaite, que l'éditorialiste politique y dresse un long et élogieux portrait de son compagnon mais l'expédie, elle, en deux pauvres phrases, comme si elle n'existait pas. Duhamel déjeune souvent avec François. S'il « l'oublie » ainsi, n'est-ce pas que le premier secrétaire du PS l'a convaincu qu'elle n'irait pas jusqu'au bout de la bataille ? Hollande s'est d'ailleurs bien gardé de moquer l'impasse de son ami Alain. Mieux, lorsqu'il l'a croisé, juste après la sortie de son livre, il lui a lancé bien haut une plaisanterie qui semble ne pas en être tout à fait une : « *J'ai bien aimé ce que tu as écrit sur Ségolène...* »

Julien Dray n'est pas pour rien dans la bataille intime qui s'annonce. Venu du trotskisme, l'ancien leader étudiant a toujours aimé les stratégies d'appareil et la confusion des genres. Chez lui, comme chez nombre de militants qui se sont engagés dans leur première jeunesse, la vie personnelle et l'engagement partisan se mêlent souvent. C'est un hyper-sensible, un homme qui somatise à la moindre contrariété, passe sa vie dans les réunions du parti et imagine toujours un complot derrière ce qui n'est qu'une maladresse ou un oubli. Il se complaît dans la conspiration.

Depuis qu'il s'est retrouvé projeté dans un conflit conjugal qui n'est pas le sien, il a compris qu'il avait gagné un nouveau pouvoir. Conseiller en sentiment autant qu'en stratégie politique, il a d'abord navigué de Ségolène à François pour tenter d'arranger les choses. Maintenant, il va de François à Ségolène dans une stratégie sensiblement inverse. Iago[1] du drame shakespearien qui se joue, il souffle sur les braises comme s'il avait saisi que la trahison privée agirait comme un vigoureux poison sur les ambitions politiques. Il ne cesse plus désormais de s'étonner tout haut devant Ségolène

1. Ce terme est considéré comme injurieux par Julien Dray et fait l'objet d'une procédure en cours devant le Tribunal de Grande Instance de Paris.

des ambiguïtés de son compagnon. « *François a du mal à s'effacer. C'est à croire qu'il préférerait te voir perdre...* »

En janvier 2006, Julien Dray a dû se faire hospitaliser au Val-de-Grâce. Il souffre depuis des années de la vésicule biliaire et, cette fois, il fallait intervenir. Il reste hospitalisé huit jours pendant lesquels Ségolène appelle sans cesse pour prendre de ses nouvelles. Plus tard, il dira que Hollande n'a pas téléphoné une seule fois.

Est-ce exact ? Ou se cherche-t-il des arguments pour justifier sa défection ? Dans l'entourage du premier secrétaire du PS, on note en tout cas que « Juju » est moins présent. Qu'il soupire plus fort devant ce qu'il appelle les atermoiements du premier secrétaire du parti. Qu'il dit le plus grand bien de Ségolène. Mais ces signaux restent pour l'instant tabous, tant ils ressemblent à une trahison. Dans le cercle de plus en plus clairsemé des derniers conseillers de Hollande, c'est à peine si on ose l'évoquer. Olivier Faure, le directeur adjoint de cabinet du patron du PS, est un adepte de la bande dessinée et croque chaque jour de petites scènes politiques. Dans le livre auquel il s'est attelé il y a quelques mois dans le plus grand secret, *Ségo, François, papa et moi*, il a fait de Julien Dray son héros. Catastrophe ! Il lui est impossible de raconter la véritable histoire qui se trame pourtant sous ses yeux. Il constate chaque jour les signes du divorce entre les deux hommes. Il observe depuis des semaines un Hollande à la torture face aux cruautés de Dray. Mais ses personnages de BD, immobiles, ne rapportent que les complicités d'une amitié idéale.

Le Marseillais Patrick Mennucci s'est lui aussi mis au service de Ségolène, depuis le voyage de cette dernière au Chili, en janvier 2006. Mennucci connaît comme sa poche la puissante fédération socialiste des Bouches-du-Rhône. C'est aussi un organisateur hors pair, sympathique, franc et bon vivant. Il promène, débonnaire, sa carcasse de première ligne et son ventre de sénateur. Mais c'est un homme qui ne s'en laisse pas conter lorsqu'il s'agit de composer une salle ou d'organiser un vote interne. Mennucci est un homme du Sud, adepte du patriarcat de façade et du matriarcat de fait. Il croit en l'avenir politique des femmes. Il est l'un des rares à dire ses vérités à Ségolène, mais il est de plus en plus présent pour lui prêter main-forte. Stéphane Le Foll, le directeur de cabinet de Hollande, y voit un signe supplémentaire de la révolution de palais qui menace son patron.

Dans les jeux de pouvoir, il n'est pas rare que l'homme trahi soit le dernier à saisir ce qui se trame autour de lui. François Hollande refuse de comprendre. Il a bien noté que François Rebsamen, le numéro deux du parti, évoque lui aussi de plus en plus souvent les succès de sa compagne. En mars, à Privas, en Ardèche, elle est allée soutenir le candidat socialiste dans une municipale partielle. Malgré son arrivée avec une heure de retard, elle a fait un triomphe devant les militants socialistes. On a rapporté l'aventure à « Rebs » qui, cette fois, a pris Hollande en aparté pour lui glisser :

« *Tu sais qu'avec la popularité qu'elle a, elle pourrait être candidate.* »

Trois jours plus tard, le député Bruno Le Roux, un proche du premier secrétaire, ne lui a pas dit autre chose. Mais Hollande paraît sourd. Pire, dix fois pire, il évoque régulièrement un éventuel retour de « Lionel ».

Voilà peut-être ce qui offense le plus Ségolène Royal. Elle n'a jamais aimé Jospin. En 1997, lorsqu'il est devenu premier ministre à la faveur de la dissolution, elle a dû faire des pieds et des mains pour obtenir le titre de ministre déléguée et non de simple secrétaire d'État à l'Enseignement scolaire. Elle y a souffert sous la férule de l'ami du premier ministre, Claude Allègre, qui depuis se répand en commentaires consternants sur elle. En 2000, lorsque Élisabeth Guigou a quitté le ministère de la Justice pour remplacer Martine Aubry aux Affaires sociales, elle a cru pouvoir prétendre à devenir enfin garde des Sceaux ou ministre de la Culture. Hollande est allé plaider sa cause auprès de Jospin. En vain. Le premier ministre lui a préféré Marilyse Lebranchu, ne lui offrant qu'un ministère délégué à la Famille. Toujours cantonnée à des postes subalternes...

Durant la campagne de l'ex-chef du gouvernement, en 2002, Ségolène Royal n'avait pas de mots assez durs pour le candidat. Elle s'est moquée vingt fois de son directeur de cabinet, Olivier Schrameck, en joignant les mains sous le menton et en balançant la tête de droite à gauche : « *Je dis le droit.* » Elle a observé, sidérée, les déplacements

« thématiques » figés de celui qui devait devenir le champion de la gauche, déplorant son manque de « réactivité ».

De leur côté, les quadragénaires du PS ont enterré Jospin, pour la plupart avec l'humiliation de 2002. Ils ont dressé l'inventaire de ses défauts : orgueil, rigidité, technocratie, déconnexion des réalités... Aucun d'eux ne croit qu'il puisse réenchanter le socialisme et faire gagner la gauche en 2007. « *Je me retire de la vie politique* », a lâché le candidat, le 21 avril 2002. Les mots ont un sens. Alors, comment expliquer la déférence de Hollande envers cet aîné ?

Le patron du PS ne décourage pas davantage les autres cadors du PS de partir à la bataille présidentielle, au motif que l'abondance de prétendants ne lui nuira pas, à lui qui a sur tous les autres la légitimité d'être le premier secrétaire. De Ségolène, il dit alors : « *Elle est populaire. Tous les candidats auront besoin d'elle.* » Et d'abord lui. Mais il n'envisage manifestement celle-ci que comme un supplétif. Dominique Strauss-Kahn, Laurent Fabius ont déjà leur plan ? Jack Lang a le nez collé sur ses propres sondages ? Qu'ils y aillent ! Hollande réconciliera tout le monde sur son nom, y compris sa compagne, qu'il laisse s'échapper. Lorsqu'on l'interroge sur son succès, il répond seulement : « *Le moment Ségolène peut ne pas durer.* »

François Rebsamen se voit obligé d'être réaliste pour deux. Voire d'allumer des contre-feux face à l'optimisme têtu de son patron. Durant tout le printemps 2006, à chaque président de fédération socialiste qui entre dans son bureau, « Rebs » montre avec enthousiasme les enquêtes d'opinion qui donnent Ségolène Royal au faîte des cotes de popularité des présidentiables de gauche. « *C'est incroyable, elle est en tête sur tous les fondamentaux d'une présidentielle : proximité, crédibilité, changement !* » répète-t-il aux fédéraux.

Il a imaginé quelques mois plus tôt une offre d'adhésion au parti pour 20 euros. C'est l'une des aspirations du PS que d'élargir et de rajeunir sa base militante. Mais « Rebs » a vite perçu que la première bénéficiaire de l'opération serait Ségolène Royal. Depuis que le système fonctionne, 70 000 personnes ont pris une carte, venant s'ajouter aux 140 000 militants existants. La plupart des fédérations ont vu leurs effectifs augmenter au moins d'un tiers, parfois purement et simplement doubler.

« Rebs » s'enorgueillit de connaître parfaitement les fédérations, clés de tous les scrutins internes. Il constate désormais que, une à une, elles se tournent vers Royal. Des sondages aussi discrets qu'empiriques, effectués dans chaque département, lui ont tracé le profil de ces adhérents d'un nouveau genre. La plupart d'entre eux ont voté « oui » au référendum sur la constitution le 29 mai 2005, et en veulent à Laurent Fabius. Dans les grandes villes, beaucoup sont favorables à Dominique Strauss-Kahn mais considèrent qu'il formerait un ticket parfait avec Ségolène Royal – elle à l'Élysée, lui à Matignon. Ils jugent Jack Lang sympathique, mais peu présidentiable. Une motivation plus forte que toutes les autres les anime surtout : laver l'humiliation du 21 avril 2002 et battre la droite incarnée par Nicolas Sarkozy. Cette voie-là, à leurs yeux, ne peut pas passer par le retour de Jospin. Le meilleur candidat, c'est celui qui peut gagner. Et puisque Ségolène est au faîte des sondages…

Hollande masque mal ses étonnements agacés derrière son humour habituel. Ségolène a entrepris de lui forcer la main, et il résiste encore. Le 18 mai, au retour de l'enterrement du maire de Pau, André Labarrère, il pose benoîtement la question à sa compagne dans la voiture qui les ramène à Paris :

« *C'est quoi, ce nouveau mot, « ségolisme » ?*

— *J'en ai parlé dans* Les Échos. *Royalisme, ça n'est vraiment pas possible.*

— *Mais c'est un événement ? On n'a parlé que de ça, ce matin, à la radio…* »

Le lundi suivant, invité d'Europe 1, le premier secrétaire balaie sèchement ce vocable « *superflu* » : « *Je trouve qu'il y a un très beau mot qui correspond à notre propre idéal, c'est celui de socialiste.* »

Le 31 mai, à Bondy, Ségolène propose une série de mesures destinées à « *recadrer* » les jeunes délinquants et à « *remettre au carré les familles* » : la mise sous tutelle des allocations familiales et, « *au premier acte de délinquance* » commis par un jeune de plus de seize ans, le placement d'office dans « *des établissements à encadrement militaire* ». Aussitôt, Laurent Fabius ironise : « *Ce n'est plus l'ordre juste, c'est juste l'ordre.* » Le 2 juin, au 20 heures de France 2, le premier secrétaire du parti se voit contraint de prendre ses distances avec cette femme qui le surprend de plus en plus :

« Ce n'est pas dans le projet socialiste. » Le lendemain, alors qu'il met la dernière main à un discours destiné aux socialistes réunis à Strasbourg, elle surgit devant lui :

« Décidément, je ne comprends pas ta déclaration d'hier soir.

— Écoute, la militarisation, ça ne passe pas dans le parti…

— Tu aurais pu me prévenir…

— Tu ne l'avais pas fait non plus avant Bondy, que je sache. Moi, je dois m'occuper des militants. Et toi, ça te dessert. »

Dans l'avion du retour, ce jour-là, même s'ils sont assis côte à côte, le silence entre eux reste polaire. Il prévient : *« Attention à ne pas te trouver déclassée par rapport au parti. C'est l'argument qu'utilisaient les mitterrandiens contre les rocardiens… »* Devant les journalistes, il lui arrive de dire : *« Je fais des synthèses tous les jours. Dans le parti, dans les congrès, dans ma ville… »* Il n'a pas besoin de dire la suite. Tout le monde comprend qu'il en fait aussi dans son couple.

Ce n'est plus de la négligence. C'est de l'aveuglement. Désormais, lorsque ses derniers amis s'inquiètent, Hollande répète que Ségolène ne connaît pas le parti. Comment pourrait-elle s'y imposer, elle qui ne met pas les pieds rue de Solférino, qui n'a jamais dirigé un courant, ne s'est jamais investie dans les instances du PS et a toujours méprisé ces discussions de fin de congrès où se négocient les motions ? « *Elle n'a pas le* background », juge-t-il lorsqu'on évoque devant lui son ascension.

Depuis le printemps pourtant, Royal a entrepris, avec l'aide de Julien Dray, François Rebsamen et du Marseillais Patrick Mennucci, de rallier les cadres du parti et ces « fédés » qui, au PS, ont toujours fait les premiers secrétaires, à coup de visites discrètes et de déjeuners parisiens. En juin, elle accepte aussi de rencontrer Arnaud Montebourg. Le député de Saône-et-Loire, trublion du PS, a entamé, dit-il, « *sa tournée des grands-ducs* ». Ce dernier cherche en fait à se vendre au plus offrant des éléphants. En privé, Arnaud Montebourg dit pis que pendre de Ségolène Royal : « *Son absence de colonne vertébrale témoigne du niveau auquel ce parti est descendu.* » Mais il est aussi un adversaire acharné de Hollande. C'est sur le dos de son courant que le premier secrétaire a en effet réussi sa synthèse au congrès du Mans.

« *Il me persécute depuis cinq ans, à coup de menaces sur les investitures de mes amis aux législatives et d'humiliations permanentes* », assure le député. Il ne s'attendait pas pourtant à trouver une Ségolène Royal aussi attentive à ses idées, aussi compréhensive sur ses réticences européennes, et aussi décidée à s'entendre avec lui. Il s'acharne depuis plusieurs années à porter son projet de VIe République ? Elle lui dit tout le bien qu'elle en pense : « *Il ne faut peut-être pas l'appeler comme cela, parce que c'est trop abstrait,* sourit-elle, *mais nous avons tous deux le souci de recoller aux problèmes des Français.* »

Elle le surprend aussi par sa façon de parler du premier secrétaire. Une manière ironique, moqueuse et désinvolte. En tout cas, Montebourg comprend immédiatement qu'il peut, sans se soucier de son compagnon, l'inviter dans sa circonscription, à la fête de la Rose de Frangy-en-Bresse. Et c'est en effet sans attendre que Ségolène accepte avec enthousiasme la proposition.

La fête de Frangy-en-Bresse, lancée il y a trente ans par Pierre Joxe, est un rituel militant très médiatisé qui marque chaque année, fin août, la prérentrée des socialistes, avant les journées de La Rochelle. Quand Montebourg annonce au premier secrétaire du PS que Ségolène en sera l'invitée vedette, Hollande s'étonne de ne pas en avoir été averti. Le nouvel allié n'ignore pas lui non plus que le couple traverse toujours des difficultés. Dans les couloirs du PS, Julien Dray s'en repaît à mots à peine couverts. Montebourg en a aussitôt rajouté en leur racontant la conversation qu'il a eue avec Hollande.

« *Si tu ne veux pas de Ségolène à Frangy, qui veux-tu que j'invite ?*

— *Qui as-tu d'autre ?*

— *Isabel Allende.*

— *Cela ne fera aucune reprise média. Parles-en à Rebsamen.* »

Après consultation, Rebsamen suggère ironiquement : « *Ben, invite-le, lui...* » Et Montebourg s'en est allé raconter toute l'affaire à Ségolène... qui en a ri.

L'ancien avocat s'est fait prendre dans la toile. Il n'est pas le seul. Au début de l'été 2006, envoyé en mission par les jospinistes, Éric Besson – qui ne connaît pas encore bien « Madame Royal » – est allé sonder Jean-Noël Guérini, le patron de la puissante fédération socialiste des Bouches-du-Rhône. Guérini a été très clair : « *Tu comprends, les candidats sont tous très bien*, commente-t-il avec son accent marseillais, *mais je déciderai le 10 septembre et je prendrai celui ou celle qui sera en tête dans les sondages.* » Depuis, les jospinistes doivent se rendre à l'évidence : les trois quarts des soutiens de l'ancien premier ministre sont déjà passés chez Royal.

Ségolène y croit. Elle tait depuis des mois, stoïque, ses blessures personnelles. Devant la presse qui s'interroge sur cette compétition inédite, elle balaie toutes les difficultés. Le 29 juin, dans un train qui l'emmène à Rennes, elle évoque tranquillement devant quelques journalistes l'hypothèse de son « *mariage avec François* ». Hollande prend connaissance de l'invite par une dépêche AFP. Quelques heures plus tard, Benoît Hamon, Vincent Peillon et Henri Emmanuelli conviés dans son bureau l'accueillent gentiment : « *Félicitations !* » Réponse de Hollande, glaciale : « *Je ne suis pas au courant.* »

En août 2006, toute la famille rejoint pourtant la maison de Mougins, comme chaque été. Comme toujours, dès qu'ils partent à la plage ou au marché, Hollande assiste, passif, à la démonstration de l'engouement que suscite sa compagne. Les gens veulent la toucher, les hommes lui sourient. Les femmes surtout se retournent sans cesse vers lui pour lui commander : « *Vous allez l'aider, hein ?* » À Frangy, fin août, c'est le même triomphe. Et la presse met en scène, avec délectation, le nouveau duo de charme qu'elle forme avec le séduisant Montebourg.

Hollande se retrouve piégé. Ses rivaux au sein du PS, Laurent Fabius et Dominique Strauss-Kahn, qui suivent pas à pas les courbes ascendantes des intentions de vote de cette rivale surprise et surgie de nulle part, accusent le premier secrétaire de duplicité, sans savoir au fond ce qui se passe. Thème de leur campagne ? La « *privatisation familiale du parti* ». Hollande, d'habitude à l'aise dans l'improvisation, est désormais contraint de se retrancher dans une inhabituelle langue de bois. « *Elle est populaire, je ne vais pas m'en plaindre* », se contente-t-il de répéter quand les journalistes l'interrogent. « *Je réglerai le problème avec Ségolène à la fin de l'été* », assure-t-il à Pierre Moscovici, venu le sonder pour le compte de Dominique Strauss-Kahn. Et sa solution a un nom : Lionel Jospin.

On ne dira jamais assez combien la menace d'un retour de l'ancien premier ministre est un puissant stimulant pour tous ceux qui soudain se rallient à Ségolène. Pour eux, le calcul est vite fait : si Hollande choisit Jospin, mieux vaut passer par-dessus la tête du premier secrétaire et aider franchement sa femme. Et ainsi éviter Lionel, ses soixante-dix ans, ses tergiversations, son regard accusateur sur tous ceux qui ont fait sa campagne. Éviter ses phrases alambiquées et épuisantes. Oublier définitivement la litanie de ses dilemmes intérieurs, entre son goût pour le combat politique et la fidélité à la parole, lui qui s'est retiré solennellement au soir du 21 avril... Même les strauss-kahniens, qui ont longtemps été les mieux disposés à son égard, n'en peuvent plus. Par ses atermoiements, son refus de lui apporter son soutien, il empêche DSK de s'imposer. « *Qu'on nous en débarrasse*, cinglent-ils en privé. *Jospin est fou ! Il semble oublier qu'il n'a obtenu que 16 % en 2002* », s'exaspèrent-ils.

Hollande s'entête pourtant. Sa propre compagne est plébiscitée par les sondages, applaudie par les militants, rejointe par un nombre croissant de cadres du parti et lui pense toujours à un candidat dont personne ne veut ! Alors Julien Dray, confondant comme à son habitude tous les registres, se charge d'être plus brutal. Hollande veut gêner Ségolène ? Le député, l'ami du couple passé avec armes et bagages dans le camp Royal, s'en va expliquer discrètement aux journalistes, avec des airs de conspirateur et un ton de conseiller conjugal, que la crise est désormais ouverte entre Royal et Hollande. « *Ségolène tient une grenade dégoupillée à la main*, assure-t-il. *Elle lui a dit : "Si tu vas chercher Jospin pour me faire barrage, tu ne reverras jamais tes enfants !"* »[1]

À La Rochelle, le 27 août, Thomas Hollande, fils aîné du couple et greffier de cette querelle dont il connaît tous les méandres, s'est assis au premier rang pour écouter le discours de son père, qui ne doit pas gâcher la chance de sa mère. Qui a remar-

1. La réalité de ces propos est contestée par Ségolène Royal qui a engagé à leur encontre une action en diffamation devant le Tribunal de Grande Instance de Paris.

qué la scène ? Personne. Pas un journaliste. Presque aucun baron ou militant du parti. Seule Frédérique Espagnac, collaboratrice et soutien sans faille du premier secrétaire, pleure en silence. Hollande a mis une croix sur son ambition.

Le compagnon de Ségolène a renoncé à sa candidature, mais pas encore tout à fait à celle de Jospin. Le chef du PS s'accroche désormais comme à une bouée à ce qu'il croit être sa mission. Juste après La Rochelle, au tout début du mois de septembre, il rend visite à Lionel Jospin chez lui, rue du Regard, pour évoquer une ultime fois la prochaine échéance présidentielle. Jospin se montre clair sur un point au moins : « *Ségolène n'est pas la meilleure candidate pour gagner,* juge-t-il franchement. *Je n'aime pas sa conception de la politique et du parti. Je sais que cela ne te fera pas plaisir, mais je te le dis parce que tu es le premier secrétaire.* » Hollande, comme toujours, propose une dernière synthèse : « *Tu choisis. Soit tu soutiens un autre candidat, soit tu soutiens le premier secrétaire, soit tu te présentes. Tu as quinze jours pour te décider.* »

Jospin n'ira pas. Mais Ségolène Royal n'a retenu qu'une chose : François ne l'a pas soutenue. « *Je suis légaliste, je ne pouvais pas te choisir d'emblée* », se défend Hollande. La voilà débarrassée de ses scrupules et, désormais officiellement en campagne, elle achève d'embarquer ses anciens partisans. Le 16 novembre, elle se fait élire par 60,7 % de militants transportés. Ce soir-là, rue de Solférino, il n'est pas sûr que François Hollande ait bien compris le rôle qu'il lui reste à jouer. « *Le général, maintenant, c'est Ségolène* », convient sur LCI le député strauss-kahnien Jean-Christophe Cambadélis, au lendemain de la défaite de son candidat, DSK. François Hollande, qui le croise quelques minutes plus tard, l'arrête : « *Le général, c'est moi.* »

3

Éléphants en réserve

La note est arrivée sur le bureau de Nicolas Sarkozy et de son directeur de cabinet, Claude Guéant, ce 26 novembre 2006, dans la soirée. Ségolène Royal vient de se voir officiellement sacrée reine du PS, quelques heures plus tôt, lors d'un meeting à la Mutualité. Mais sur la note destinée à Nicolas Sarkozy, qui reprend les phrases clés de son discours d'investiture, quelques mots ont été soulignés en rouge : « *Elle a seulement salué d'une phrase ses compétiteurs.* »

Le patron de l'UMP n'est pas le seul à relever ce détail, qu'il tient pour la première erreur politique de sa future adversaire. Depuis son élection triomphale par les militants, Hollande constate lui aussi que Ségolène Royal se refuse au moindre témoignage chaleureux en direction de ses anciens rivaux. Dominique Strauss-Kahn et Laurent Fabius ont pourtant téléphoné le soir même pour la féliciter. Elle ne les a jamais rappelés. Le premier secrétaire, qui lui suggérait de publier un communiqué appelant au rassemblement de tous les socialistes derrière sa bannière, s'est entendu répondre par l'heureuse élue : « *Cela ferait trop vieux parti !* »

Son score est sans appel : 60,7 % des voix des militants, quand Dominique Strauss-Kahn et Laurent Fabius n'ont obtenu que 20,5 et 18,7 % des suffrages. L'élue du jour en a tiré une conclusion qu'elle répète depuis comme une évidence : « *De toute façon, avec ce résultat, la réconciliation est faite. Il n'y a pas besoin de négocier quoi que ce soit...* »

Les apparences lui donnent raison. Élevé dans la discipline de parti, Lionel Jospin a noté sur son blog, le 25 novembre : « *Ségolène Royal a été désignée de façon très nette par les adhérents du PS. Elle est désormais la candidate de tous les socialistes dont je suis.* » Ségolène, à qui l'on rapporte le constat jospinien, en sourit : « *Cela a dû lui coûter...* » Mais elle en est convaincue : ils iront tous à Canossa. Elle ne lâchera rien.

À la Mutualité pourtant, ce 26 novembre, il y a un peu de flottement dans l'air. Dans l'ordonnancement de la salle, Julien Dray a pris soin de ne pas placer François Hollande et Ségolène Royal côte à côte. Un siège les sépare. Dray adore ce genre de détail que seuls les initiés saisissent. Avec la candidate victorieuse à la tribune, c'est toute l'histoire de l'oppression féminine qui défile. « *En choisissant une femme, vous avez accompli un véritable geste révolutionnaire !* » lance-t-elle en saluant la figure d'Olympe de Gouges, « *qui a eu juste le droit de monter à l'échafaud sans avoir eu le droit de vote* ». Suivent Louise Michel, Rosa Luxemburg,

Marie Curie, le manifeste des 343 salopes et le combat des Ni putes ni soumises. Deux jours plus tôt, elle a annoncé, au cas où les hommes qui l'ont humiliée durant sa vie politique ne l'auraient pas encore compris, que sa première loi, si elle accède à l'Élysée, sera consacrée « *aux violences faites aux femmes* ».

Est-ce ce qui trouble le premier secrétaire lorsqu'il monte à son tour sur la scène pour conclure la journée ? Le voici qui explique maintenant le contraire de ce qu'elle a affirmé durant sa campagne interne : « *Il n'y a pas d'un côté le vieux parti et de l'autre le nouveau. C'est le même, il n'a pas changé de nature.* » Il insiste : « *Le Parti socialiste fera tout ce qu'il est possible d'engager pour la victoire de Ségolène Royal à la présidentielle. Le PS est un atout formidable dans sa campagne !* » Il n'en a pas l'habitude – il laissait cela à Lionel Jospin –, mais ce jour-là il conclut son discours par un épouvantable lapsus : « *Nous allons battre la gauche…* »

Sous les applaudissements, Hollande esquisse un geste vers sa compagne afin qu'elle le rejoigne sur scène. Mais elle refuse d'un hochement de tête catégorique. Il descend, lui parle à l'oreille, puis la pousse légèrement vers l'estrade. Elle restera de longues minutes debout, immobile, à goûter les applaudissements. À la sortie, l'un des lieutenants de Dominique Strauss-Kahn soupire : « *Maintenant, on va en baver…* »

Effectivement, ils vont en baver. Depuis toujours, ces barons du parti ont passé des accords, scellé des alliances, parfois avec leurs adversaires d'hier. Ségolène Royal, elle, est rancunière. Elle n'oublie aucune avanie. Quelques jours après sa victoire du 16 novembre, elle a prévenu, souriante, devant quelques proches : « *Ségolène présidente, ce sera la réalisation de leur cauchemar : la boniche a pris les clés de la maison.* »

Royal n'a pourtant ni courants ni véritables alliés. En vingt-cinq ans de vie politique, elle n'a construit aucune de ces fidélités qui se révèlent des appuis précieux dans les moments difficiles. Rien qui ressemble aux réseaux de Laurent Fabius, au tissu relationnel de Martine Aubry, aux *think tanks* de DSK. Pas de solidarité au sein du parti, autre que de circonstance. « *La boniche* » peut bien prendre les clés, si on incendie la maison, cela ne lui sera pas très utile. Mais « ils » l'ont trop méprisée. Ségolène Royal est animée par une force qu'en politique on néglige toujours : la soif de revanche des humiliés.

D'autant qu'« ils » ne baissent pas les bras. Elle est investie pour défendre les couleurs du PS, mais chaque fois qu'elle ouvre la bouche, les chefs de courants et leurs lieutenants sourient d'un air entendu. Elle dit un mot, ils lèvent les yeux au ciel. Pendant ses émissions, devant leurs téléviseurs, ils s'envoient des textos : « *Tu as entendu la dernière de SR ?* » Elle le sait, mais préfère s'en faire des titres de gloire. Trois mois plus tard, début février, alors qu'elle dîne pour la première fois avec Bernard-Henri Lévy, elle prend les devants : « *Remarquez, je comprends Jospin. Qu'une fille comme moi, une « Bécassine », réussisse des choses là où il s'est, lui, cassé les dents, je conçois que ça le fasse rager.* »

Elle le sait mieux que quiconque : c'est le festival ouvert par les misogynes, dès qu'elle a affiché son ambition, qui a fait sa popularité et l'a lancée dans la course des primaires. Il faut dire qu'ils n'ont rien oublié. Une sorte de best-of des « Grosses Têtes ». Laurent Fabius, sourire aux lèvres : « *Mais qui va garder les enfants ?* » Jean-Luc Mélenchon, arrogant et vulgaire : « *La présidentielle n'est pas un concours de beauté !* » Martine Aubry, solennelle : « *La présidentielle n'est pas une affaire de mensurations.* » Alors qu'elle s'apprêtait à débattre avec ses rivaux, au cœur de la bataille interne, on lui a rapporté ce mot plein de hauteur de Dominique Strauss-Kahn : « *Elle aurait mieux fait de rester chez elle, à lire ses fiches cuisine.* » Lorsqu'elle explique en réunion publique : « *C'est une maman qui vous parle* », il y en a toujours un pour faire mine d'esquiver un martinet. Sur son passage, les fabiusiens la résument à voix basse : « *Un sourire, une phrase, un sourire...* »

Cela dépasse le traditionnel machisme. C'est un vrai mépris, habillé d'arguments que l'on veut rationnels. Dès le printemps 2006, alors qu'il dînait chez lui à Paris, avec le député européen Bernard Poignant et le maire de Villeneuve-sur-Lot Jérôme Cahuzac, Lionel Jospin avait lâché, l'air de rien : « *Je suis en désaccord avec sa conception de la politique. Si je ne suis pas candidat, il n'est pas certain que je lui apporte mon soutien.* » L'ancien premier ministre n'a pas changé d'avis. Sur les radios, à la télévision, il évite soigneusement et systématiquement, pendant des mois, de prononcer son nom. « *Elle est populiste* », répète-t-il en privé. Le 28 septembre, lorsqu'il a renoncé publiquement à sa candidature, faute d'avoir décollé dans les sondages, il a expliqué : « *Je ne ferai pas le choix de cette candidate.* » Et pour ceux qui n'auraient pas compris, sa femme, la philosophe Sylviane Agacinski, a mis les pieds dans le plat : « *Je voterai DSK.* »

Longtemps, les éléphants ont reproché à François Hollande de « *ne pas tenir sa compagne* ». Aujourd'hui qu'ils constatent l'engouement dont Ségolène Royal fait l'objet auprès des militants, ils reprochent au premier secrétaire de lui avoir livré le PS. Ils ne se contiennent plus. Avant qu'elle ne remporte la primaire socialiste, Jean Glavany avait explosé à la fin du dîner hebdomadaire des dirigeants du parti : « *Elle représente ce que j'exècre le plus au monde !* » Claude Allègre, ami de Lionel Jospin et ancien ministre de tutelle de la candidate, explique désormais : « *Il y a la première gauche, c'est Laurent Fabius. La deuxième, c'est DSK. Et une gauche du troisième type dont le logiciel m'apparaît incapable de préparer l'avenir.* »

C'est bien une question de logiciel, en effet. Car ce que ces grands féodaux n'admettent pas, c'est que cette femme qu'ils jugent ignare – au moins en politique – soit parvenue à les dépecer de tous leurs attributs en surfant sur leurs propres défauts. Depuis l'humiliation du 21 avril 2002, où le candidat socialiste n'a même pas figuré au second tour de la présidentielle, ils n'ont en effet rien entrepris pour rénover la gauche. Hollande a surfé de synthèse en synthèse. Strauss-Kahn a trop longtemps hésité avant de se résoudre à incarner la social-démocratie. Fabius, qui à Bercy avait négocié le passage à la monnaie unique et figurait jusque-là le social-libéral de la rue de Solférino, a entraîné une partie du PS à voter « non » au référendum sur la constitution européenne, et brouillé durablement son discours et son image.

Le projet du Parti socialiste ? Ils en disent tous pis que pendre en privé. « *On a évité le pire dans le genre gauche archaïque* », croit rassurer cyniquement Strauss-Kahn. « *Les 35 heures sont une connerie, c'est sans doute pour cela que l'on propose de les généraliser* », persiflent les économistes du parti. « *Pas un mot sur l'intégration dans les cités ou tout comme* », regrettent les élus de banlieue. Et voilà justement que Royal dit entreprendre cette révolution qu'ils n'ont pas osée, alors même qu'ils fustigeaient « *le vide de sa pensée* ».

« *Cette fille, personne ne la connaît !* » Au sein même de la direction du parti, c'est l'incrédulité. « *Ce qui les énerve, c'est ma volonté de rompre avec leur arrogance* », répond-elle, souriante. « *Écouter les gens, juste les écouter, alors que, depuis tant d'années, on leur assène nos vérités, il fallait le faire...* » De fait, ils sont perdus. Lorsque sur son site de campagne, le 5 juin 2006, elle a mis en pièces les 35 heures, jugeant qu'« *en termes de qualité de vie au travail* », leurs résultats « *sont mitigés* », Jack Lang a aussitôt appelé Martine Aubry, leur marraine : « *Ça y est ! On la tient !* » Et celle-ci a hurlé au crime de lèse-majesté. Mais, dans les sondages, c'est un succès auprès des électeurs de gauche issus des milieux populaires. Le 3 septembre, à Florac, en Lozère, elle a lancé tout de go que

« *l'idéal serait de supprimer la carte scolaire* » ou tout au moins de « *desserrer ses contraintes* ». Eux aussi à rebours des syndicats censés les représenter, les parents d'élèves ont applaudi.

Elle pourrait s'en satisfaire. Mais non. Ségolène Royal retient chacun des bons mots de Fabius. Elle archive dans sa mémoire ses attaques et ses flèches, comme celle qu'il décoche lorsqu'elle apparaît dans la presse people : « *Ce n'est plus voici mon projet, mais mon projet, c'est* Voici *!* » Elle se souvient de ses railleries lorsqu'elle a évoqué, le 22 octobre, à la Sorbonne, la création de « *jurys citoyens* » pour contrôler les élus : « *Bientôt, elle finira par proposer le peloton d'exécution.* » Elle a gardé en travers de la gorge la petite vidéo qu'ont fait circuler les strauss-kahniens, pendant la campagne interne, dans laquelle on la voyait expliquer, lors d'une réunion sur l'école, le 21 janvier, qu'« *une des révolutions, c'est de faire les 35 heures au collège, c'est-à-dire que les enseignants restent 35 heures au collège* » pour développer le soutien scolaire gratuit. Elle n'a aucune indulgence pour l'épouse de l'ancien ministre de l'Économie, la journaliste Anne Sinclair, qui s'est longtemps étonnée auprès de ses anciens confrères : « *Mais pourquoi ne nous aidez-vous pas à faire éclater "la" supercherie ?* »

Ségolène Royal se montre dure, sectaire souvent. Elle ne traite pas toujours bien ceux qui travaillent pour elle. Ministre déléguée à l'Enseignement scolaire, de 1997 à 1999, elle a perdu en deux ans la moitié de ses collaborateurs : huit sur seize. En Poitou-Charentes, elle a exclu les représentants de l'opposition des déjeuners organisés les jours de session. Seuls deux vice-présidents sur quatorze ont pu arracher, de haute lutte, une délégation de signature. Jean-François Fountaine, son vice-président au conseil régional, ami de Jean Glavany et de Lionel Jospin, a un jour averti en ces termes les cadres du parti : « *Pour l'aimer, il ne faut pas travailler avec elle, pas la contredire et pas trop la connaître.* » Les éléphants du parti, défaits, pourraient signer à deux mains cette forte maxime.

Elle ne se contente pas en effet de les tenir à distance, pour ne rien leur devoir. Au gré des sondages, des trous d'air, des mieux, et de l'insistance de François Hollande qui la presse d'entamer la réconciliation, elle se met à jouer avec leurs nerfs. Le 18 janvier, lors d'un meeting à Toulon, elle jette, bravache : « *Que les éléphants s'y mettent !* », mais continue de les tenir en marge de sa campagne. Alors qu'elle prépare les 100 propositions de son « pacte présidentiel », le 11 février, à Villepinte, plusieurs de ses conseillers tentent de la convaincre de faire monter sur scène les dirigeants du parti. Le coprésident de l'institut de sondages Ipsos, Jean-Marc Lech, qui dispense ses conseils, essaie de dire les choses avec humour : « *Dans ces grand-messes-là, il faut toujours faire du Claude Sautet : citer Vincent, François, Paul et les autres... Cela rassure tout le monde.* » Il croit l'avoir emporté ? Il se trompe. Le jour dit, Laurent Fabius arrive le premier. Pas un membre de l'équipe de Ségolène n'a prévu de l'accueillir. Un de ses amis, qui le repère, l'assoit d'autorité au premier rang des personnalités sur une chaise qui ne lui était pas destinée. Dominique Strauss-Kahn n'est pas mieux loti. À la tribune, Ségolène n'a pas le moindre mot pour eux.

Mais le 22 février, pressée par la percée de François Bayrou dans les enquêtes d'opinion, elle élabore un comité stratégique qui réunira tous les caciques – Bertrand Delanoë, Martine Aubry et, surtout, Lionel Jospin inclus. Michel Rocard, lui, a été oublié. Il s'en plaint au téléphone. Elle balaie sa colère ainsi : « *Tu as sans doute remarqué que ce comité se réunira à sa convenance. C'est-à-dire très rarement*... » On ne peut pas mieux montrer en quelle estime elle tient ceux qui l'ont auparavant méprisée.

Le 24, elle est dans la banlieue de Rouen pour son premier meeting commun avec Fabius. Son ancien adversaire aux primaires a préparé une réception impeccable : mobilisation des partisans, discours chaleureux et, à la fin, rose et bise à la candidate. Ségolène prend place à la tribune, remercie d'une phrase « Laurent » et ne le mentionne plus de la soirée ! Le 20 mars, elle monte sur la scène de la Mutualité où Urgence Darfour tente de mobiliser les politiques sur le génocide en cours en Afrique. Elle s'avance directement de la salle vers le micro, salue le « *témoignage poignant* » que Bernard-Henri Lévy a livré au *Monde*, mais omet de mentionner que Fabius l'a accompagné dans son équipée, et oublie d'ailleurs tout simplement de le saluer. Outré, le député de Seine-Maritime lui laisse le lendemain un message sur son répondeur. Le texto qu'elle lui envoie ne répare rien : « *Je ne t'ai pas vu*... »

Le 11 mars, elle accuse pourtant sur M6 : « *Les dirigeants du PS n'ont pas fait suffisamment bloc autour de moi. Du coup, s'est installé le doute sur ma compétence.* » Qu'ont-ils dit qui ne lui va pas ? « *Le problème, c'est ce qu'ils n'ont pas dit* », réplique-t-elle sèchement. Le 17 mars, la voilà avec Dominique Strauss-Kahn à Charleville-Mézières. L'ambiance est glaciale. DSK est venu en traînant les pieds. Elle lui tourne presque systématiquement le dos. À la foule venue les écouter, l'ancien ministre de l'Économie explique : « *Il faut qu'elle se sente libre. Elle a raison.* » De longues minutes, il la cherche et l'appelle, du haut de l'estrade. Elle arrive du côté où il n'est pas. Lorsqu'il tente de l'embrasser, à la fin de son discours, elle esquive. Il réussit à lui attraper la main, elle la retire aussitôt. Son amie et conseillère Sophie Bouchet-Petersen, à qui l'on rapporte la scène, n'en tire qu'une conclusion : « *Elle n'est pas hypocrite.* »

Pas hypocrite, en effet. Le 15 avril, sur Radio J, elle le redit encore : « *Un certain nombre de personnalités au sein du PS n'ont jamais accepté ma désignation par les militants.* » Le 19 avril, à trois jours du premier tour, elle souligne sur RTL : « *Certains éléphants ont tout fait pour ne pas me faciliter la tâche.* » C'est sa blessure et sa faille. Sa façon à elle de dire son émancipation et de rejeter la faute sur d'autres. « *Qu'elle se débrouille* », cinglent chaque fois les barons du parti quand ils l'entendent. Ségolène, elle, est certaine de pouvoir vivre sans eux.

4

« Je suis habitée »

« *Je suis habitée.* » Lorsqu'elle a murmuré ces mots, une première fois, aux journalistes qui la suivaient, on a juste souri. Après tout, incarner l'espoir de millions d'électeurs vous autorise à quelques élans personnels. Lors de sa campagne interne, elle a déjà adopté quelques formules un peu scoutes qui ne déplaisent pas aux militants. En septembre 2006, lors du premier rassemblement de ses comités Désirs d'avenir, elle les a quittés en leur lançant, comme à des pèlerins qui s'en iraient vers l'abbaye du Bec-Hellouin : « *À vos sacs à dos.* » Devenue candidate, elle est passée à un autre registre : le mysticisme. Un mysticisme teinté de catholicisme, et pourtant largement laïcisé, comme ce XXIe siècle : religieux mais sans religion.

On la voit, dans un avion, lire le *Petit traité de spiritualité au quotidien*, d'Anselm Grün. Grün est un moine bénédictin de l'abbaye de Münsterschwarzach, en Allemagne ; l'ouvrage navigue entre la psychologie et la religion, entre le *New Age* et les conseils pour vivre en harmonie avec soi-même, les autres et Dieu. Personne ne connaissait jusque-là son amour de la poésie, mais depuis qu'elle est ballottée par les sondages, elle emporte aussi dans son sac *Les Contemplations* de Victor Hugo. Dans son livre *Maintenant*, au chapitre « Zen », elle explique : « *Quand je le peux, je réfléchis dans le calme, j'entre en introspection.* » À Marseille, elle passe « *faire un vœu* » à la basilique. « *Pour qu'il se réalise, il doit rester secret* », souffle-t-elle avant de se recueillir sous la protection de la Bonne Mère de Notre-Dame de la Garde.

Dans les meetings, lorsqu'elle remonte les salles comme une apparition, en veste blanche, elle tient ses supporters à distance. Et ce n'est pas seulement une consigne de ses officiers de sécurité. Ségolène Royal veut paraître à la fois proche des gens, de leurs soucis de vie chère, et imposer le respect. Pas de bain de foule, ou alors maîtrisé, sans cohue ni poignées de main à la volée. Les dures règles d'une éducation classique dispensée par un père lieutenant-colonel, haï mais marquant, lui ont appris à se tenir bien droite en toutes circonstances. Une bonne observation de François Mitterrand a fait le reste. Feu le président avait la même manière de se tenir à distance de l'amour dévorant de ses admirateurs. On ne tape pas dans le dos de Ségolène comme dans celui de son compagnon. On rit moins aussi. Hollande, qui la regarde faire, a un jour cette formule : « *Elle est le genre d'actrice dont les agents disent : elle embrasse pas.* »

La vérité, c'est que la candidate se pense investie d'une mission. « *Tu as une culpabilité judéo-chrétienne* », rit souvent son ami Jean-Pierre

Mignard. Elle veut sauver la France. Du coup, elle puise son vocabulaire dans des registres étrangers à ceux de ses amis socialistes, déboussolés, mais finit par rallier les nostalgiques d'une mystique républicaine. L'athée Jean-Pierre Chevènement, le 13 avril, à Belfort, s'émerveille de cette candidate qui lui rappelle ces « *peintures où l'on voit des personnes qui flottent entre ciel et terre* » et confesse à Ségolène : « *Ça fait longtemps que je n'ai pas été au catéchisme, mais je peux dire que tu es l'incarnation vivante de la France !* » Comme les athées regrettent le chant grégorien, les nostalgiques d'Épinay aiment la liturgie et raffolent, au fond, de ces nouvelles communions qui se créent désormais, à la fin des meetings, autour de la *Marseillaise*.

Un jour où elle affirme qu'elle va « *gravir la montagne* » vers le pouvoir comme s'il s'agissait du mont des Oliviers, le laïcard Henri Emmanuelli s'inquiète toutefois : « *La foi de Ségolène est surréaliste !* »

Parfois, ses références sont directement christiques, comme lorsque, durant son grand meeting de Villepinte, le 11 février, elle accompagne ses propos sur son ambition présidentielle en mimant les stigmates d'un sacrifice – la main sur le ventre et la voix chavirée : « *Je l'ai là, chevillée au corps…* » Puis elle termine comme Jésus à ses disciples : « *Je compte sur chacun d'entre vous pour porter la parole que je viens de donner.* » Ses amis en rient ou s'en agacent. On peut l'alerter sur les sondages qui baissent, souligner avec précaution une gaffe qu'elle a faite, elle répète : « *Mais ne vous inquiétez pas, puisque je vais gagner.* » Désorientés, plusieurs de ses proches ont renoncé à lui parler. Dans ces moments-là, même son amie et conseillère en communication Natalie Rastoin reconnaît elle-même : « *Elle est perchée.* »

Ses élans mystiques – mais soigneusement calculés – ont pourtant un effet contagieux. À Mondeville, le 21 février, le président socialiste du conseil régional de Basse-Normandie, Philippe Duron, ouvre le meeting par cette curieuse invite : « *Ce moment vous permettra de communier avec Ségolène Royal.* » Mondeville est une banlieue ouvrière de Caen, pas spécialement catholique. Et en tout cas, les bastions socialistes sont des habitués des combats laïcs. Personne cependant ne paraît choqué. Pas davantage lorsque le grand médiéviste Jacques Le Goff écrit, le 24 février, dans *Le Monde* : « *Il faut qu'une majorité de Français l'élise pour pouvoir lui dire, soit, familièrement, "Je vous salue, Ségolène", soit, respectueusement : "Je vous salue, je vous suis et vous soutiens, Madame Royal"* »… Une madone.

La candidate place mal sa voix ? Elle paraît souvent trop raide à la tribune, manque parfois de souffle ? Mais le public se tord le cou pour l'apercevoir. Le PS se met à parler de « *ferveur* ». Lors d'une réunion, des sourds-muets ont agité leurs mains tendues vers elle. Aux meetings suivants, on les imite. Les bras se lèvent comme dans les grandes assemblées du Renouveau charismatique. Sur son passage, il n'est pas rare de surprendre des femmes transportées : « *Je l'ai vue… désormais, tout ira bien mieux.* » Une sainte : pour un peu, elle ferait des miracles !

Cette sanctification ne surprend pas tout à fait ceux qui la connaissent. Ségolène Royal est depuis toujours croyante, mais ne va plus à l'église. Ses quatre enfants sont nés hors mariage. Un jour, lors d'une émission de télévision, elle s'est appliquée à témoigner d'un militantisme laïc en donnant à plusieurs reprises du « monsieur » à un évêque. Elle se souvient, bien sûr, de son enfance ponctuée par les offices, les leçons de catéchisme, les prières indispensables à l'éducation rigide que souhaitait son père, Jacques Royal, pour ses huit enfants. De ces années où on ne manquait de rien, sauf des agréments du superflu, elle a d'ailleurs gardé une vision de l'argent typiquement catho et des manières qui l'ont fait souvent passer pour pingre. Au chapitre « Radine » de son livre, elle reconnaît : « *Je ne supporte pas le gaspillage* », elle a été élevée « *dans cet esprit-là* ». Dans sa campagne, cela donne : « *Un euro dépensé doit être un euro utile.* »

Après le divorce de ses parents, lorsque ses frères et sœurs ont jeté par-dessus bord, comme elle, les chants grégoriens et les processions jusqu'à l'église, Ségolène a découvert qu'elle ne s'en portait pas plus mal. Elle a choisi de garder le cadre moral et d'abandonner l'enrégimentement catholique. Devenue mère, elle a fait donner une instruction religieuse à ses enfants, mais ne leur a proposé le baptême – à la mode protestante du libre arbitre – qu'à l'âge de douze ans.

Depuis quelques années, toujours à l'affût, elle observe le besoin grandissant de spiritualité d'une société sans repères. « *Cette recherche venant de nombreux horizons est déjà positive en ce qu'elle témoigne d'une exigence par laquelle l'esprit s'élève* », a-t-elle écrit en 1996 dans son livre *La Vérité d'une femme.* En 1997, alors qu'une partie de la gauche raillait les Journées mondiales de la jeunesse (JMJ) et leur grand rassemblement de jeunes chrétiens à Paris, elle trouvait au contraire cela réconfortant.

Elle n'a jamais possédé cette foi dans le progrès qui caractérise toute une génération de socialistes ni sacrifié au scientisme et au culte de la raison. Elle affiche même une certaine méfiance à l'égard de la modernité et de la science. Claude Allègre, qui la déteste, assure partout : « *Elle est opposée au progrès.* » Parmi les mille enseignements retenus de Mitterrand, elle a saisi que l'irrationnel et la foi ont leur part en politique. Le vieux président n'a-t-il pas dit aux Français, avant de mourir : « *Je crois aux forces de l'esprit* » ?

C'est ce qui la distingue depuis toujours de… Hollande. Lui est bien trop souple pour s'embarrasser de dogmes, fussent-ils catholiques. Avec Lionel Jospin, le premier secrétaire s'agaçait souvent des manœuvres des francs-maçons, quand elle, au contraire, les respecte. Deux des piliers de sa campagne, Christophe Chantepy et François Rebsamen, en sont. Le courant qui la soutient, Nouvelle Voie, autour de Gaëtan Gorce et Gilles Savary, en compte de nombreux. Elle accepte qu'on critique l'institution – « *Les Églises ont*, dit-elle, *toujours opprimé les femmes* » – mais ne tolère pas le blasphème. Quand François Hollande se moque, elle s'insurge.

En février 2006, alors qu'ils se promènent avec leur ami Mignard, parrain de deux de leurs enfants et fidèle des messes de l'abbé de La Morandais, la conversation tombe sur les caricatures de Mahomet, qui viennent de provoquer un scandale dans le monde musulman et valent au magazine *Charlie Hebdo* d'être assigné en justice par des associations qui se jugent offensées. Ségolène désapprouve qu'on s'en prenne à l'image sacrée du Prophète. Hollande penche pour la liberté d'expression et de la presse. Mignard, chrétien de gauche, serait plutôt de l'avis de Ségolène. Alors celle-ci, bravache, lance : « *N'aie pas peur, Jean-Pierre, je ne laisserai pas insulter Dieu !* »

En fait, elle agrémente depuis toujours son engagement politique avec cette foi qui lui est propre. En 1997, lorsqu'elle a engagé une croisade contre la violence à la télévision et le port du string à l'école, les trois quarts du PS l'ont étiquetée « *Boutin de gauche* », par allusion à Christine Boutin, catholique affichée de l'UMP. Mais maintenant qu'elle se voit présidente de la République, ce fond de sauce catholique vient se mêler à des préoccupations plus altermondialistes, une philosophie néobeatnik qui se superpose à son héritage scout de France.

Car il y a une « langue Ségolène ». Un jargon très particulier fait de « *désirs d'avenir* » et d'« *ordre juste* » qui fait parfois sourire. Mais c'est avec les mots qu'on pense : or ces idiomes font merveille sur ces nouveaux militants socialistes arrivés via Internet dans un PS qui depuis vingt-cinq ans a rompu avec la vulgate marxiste. Lexicologue attentif, François Hollande juge souvent :

« Elle attire la lumière avec des mots qui attirent l'attention. » Les fabiusiens sont nettement moins conciliants : *« C'est la démocratie gnan-gnan. »*

Leur candidate n'a pourtant pas fini de les choquer. Elle a remis au goût du jour les figures de Jeanne d'Arc et de Charles Péguy, peu familières au PS. Déjà, lors de la campagne interne, Jean-Pierre Sueur a discrètement exhumé un étonnant discours qu'elle a prononcé dans sa bonne ville d'Orléans, lorsqu'il en était encore le maire. C'était en 1998, lors des fêtes de Jeanne d'Arc. Elle avait préparé son discours avec Jean-Pierre Mignard. Le seul, à vrai dire, capable de la rejoindre dans les sous-sols de son ministère pour, sans se moquer, jeter sur le papier ce qui ressemble bien à une prière. Ségolène Royal s'était alors adressée directement à Jeanne :

« Jeanne, si je puis me permettre de t'appeler familièrement par ton prénom et te dire sans détour, de femme à femme, quelques mots simples, Jeanne, quand je vois tant de personnes heureuses, rassemblées autour de toi, Jeanne, comment ne pas s'en étonner, comment ne pas s'en émerveiller ? » Puis, avec fougue : *« Avec toi, nous savons tous, maintenant, que lorsque les meilleurs esprits capitulent, que lorsque les puissants hésitent et que la résignation s'installe, il y a toujours quelqu'un pour reprendre le flambeau et que la vie t'a donné cette sainte colère qui, depuis, n'en finit pas de nous rassembler autour de toi, car nous avons reconnu ton étendard : c'est celui de la justice et de la générosité. »* Et surtout, prophétique : *« Dans un monde confisqué par les hommes, tu as commis un triste sacrilège : être une femme stratège, être une femme de guerre, être une femme de Dieu. »*

Elle n'a rien changé. « *Si on a des racines, on peut monter jusqu'au ciel* », lance-t-elle à la foule en Lorraine. Lors de son investiture, elle demeure de longues secondes silencieuse, sous les applaudissements, comme une apparition venue du ciel et une candidate donnée au PS contre toutes les lois de la désignation. Dans les meetings, lorsqu'elle réclame au cours de la campagne que l'on chante la *Marseillaise*, elle l'écoute sans l'entonner elle-même, expliquant : « *Ces dix mille personnes qui chantent devant moi... Je suis devant eux... Je les porte, je m'imprègne de cette force populaire.* »

Parfois il lui arrive de parler comme si était venu le temps des miracles. « *Si chaque salarié est mieux traité, mieux payé, mieux motivé, alors la France se redressera.* » Elle promet même de « *libérer les libertés* ». Réinventant les évangiles, elle enjoint les militants : « *Il faut écouter ceux qui ne parlent pas, ne se font pas entendre, ceux qui ne mangent qu'un repas par jour et, par honte, se referment sur eux-mêmes. Il faut un grand plan, une mobilisation totale contre la solitude : plus un seul citoyen ne doit être livré à lui-même.* »

À une semaine du premier tour, elle bombarde deux fois par jour les dirigeants du PS de textos enfiévrés : « *Chers amis, gardez au cœur cet enthousiasme, cette exigence, pour écrire ensemble l'Histoire de notre pays.* » Ou : « *Un souffle se lève. Forçons cette chance de nos mains. Aidez-moi, portez-moi, c'est avec vous que je gagnerai.* »

Médiatiquement, l'effet est radical. Lorsqu'elle évoque ses propositions, elle paraît ânonner à la tribune. Sans charisme et sans talent pour la rhétorique. Mais dès qu'elle s'adresse à ces foules qui l'admirent, elle affiche son merveilleux sourire et ne parle que de bonheur.

Le soir du premier tour, elle se fait longuement attendre, pour apparaître toute de blanc vêtue, les bras en croix et les paumes ouvertes. Le visage est fermé, l'élocution est lente, les pauses interminables. Jusqu'aux exhortations de télévangéliste, qui lui redonnent enfin le sourire : « *Venez hommes et femmes de France, de tous âges, de tous milieux, de tous territoires et de toutes origines... Venez, forces vives de notre belle nation ! Venez ! Serrons-nous les coudes ! Ensemble nous allons rendre le sourire à notre pays, ensemble nous allons conjurer les mauvais démons de la déprime et du déclin !* »

Dans les couloirs du PS, Hollande entend bien les moqueries ou les colères sur son passage. « *Ce n'est pas une candidate socialiste, c'est Eva Perón !* » s'amuse Christophe Girard, l'adjoint à la culture de Bertrand Delanoë à Paris, qui la soutient pourtant. « *Des années de combat laïc pour en arriver à un tel catéchisme !* » soupire Laurent Fabius. « *Mais enfin, a-t-elle au moins une opinion sur la fiscalité ou l'entrée de la Turquie en Europe ?* » s'interroge Martine Aubry. Hollande se prend alors à son jeu et, d'une boutade, mi-moqueur mi-protecteur, balaie les attaques : « *L'économie n'est pas son terrain de prédilection... la politique étrangère non plus, d'ailleurs. Mais vous savez bien que cela n'a pas d'importance, puisqu'elle sait marcher sur les eaux.* »

5

Une campagne L'Oréal

« *Je m'appelle Stéphane* », glisse-t-il, mystérieux, en refusant de livrer son nom de famille. Il veille sur elle et prend des airs inspirés pour l'aider à placer sa voix et lui apprendre à respirer. Il lui adresse alors de drôles de signes, entre personnel de pistes à Orly et Mime Marceau. Mais il dit surtout qu'il ne veut « *pas apparaître* ». Comme tous ceux qui travaillent autour de Ségolène Royal, Stéphane, un chanteur d'opéra, respecte le mot d'ordre de la patronne : il ne peut y avoir qu'un seul personnage dans la *story* de cette campagne. Pas de coach vocal, donc. Pour la candidate socialiste, la com' doit être invisible.

Guère de décisions, peu d'inflexions de la campagne qui n'aient pourtant été prises sans l'impulsion ou sans l'avis d'un autre personnage essentiel : Natalie Rastoin, directrice générale de l'agence de publicité Ogilvy & Mather France, professionnelle reconnue du marketing et de la pub. Peu de sondages sur lesquels cette femme de quarante-six ans ne jette un œil averti, faisant défiler d'une main les estimations sur son Blackberry, et décrochant de l'autre son mobile, dont la sonnerie joue, du matin au soir, *I just can't get enough* des Depeche Mode, double clin d'œil aux années 1980 et à un emploi du temps surchargé. Mardi 10 avril, elle planchait encore devant l'équipe de campagne de la socialiste pour expliquer que « *18 millions de personnes n'avaient pas encore choisi leur candidat* », estimaient que « *le clivage droite-gauche était dépassé* » et constituaient un « *réservoir à travailler* »...

Et combien de tête-à-tête impromptus Ségolène Royal n'a-t-elle pas organisés avec cette femme pétillante, vive et aussi inclassable que son look ! Un jour, une jupe courte d'adolescente sur des bottes de pompier, l'autre, des collants chair sous un tailleur peau de pêche, un troisième, des ballerines vernies et un jean noir cigarette... Elle a gardé des années 1980 l'habitude adolescente de porter au revers de ses vestes broches et badges : un rouge à lèvres en bois vernis ou une houpette de poudrier portant la mention *cheap et chic*, en guise d'étendard et de clin d'œil bobo...

Depuis l'intronisation de la candidate, Natalie Rastoin a cessé de recevoir la presse, devant laquelle elle avait toujours insisté sur le caractère bénévole et personnel de « sa collaboration avec Ségolène », mettant en avant leur relation « privée ». La discrétion s'impose. Est-ce parce que son agence compte parmi ses clients de gros annonceurs comme Nestlé, IBM, Motorola ou Duracell, qui préfèrent qu'on ne les mêle pas ouvertement à la politique ? Ou parce que Bernard Bureau, le président d'Ogilvy & Mather, conseille François Bayrou ?

C'est surtout parce que la candidate l'exige. Ségolène Royal se méfie du monde des communicants. Pour elle, c'est une profession de mercenaires, capables de défendre une marque un jour et, le lendemain, avec le même entrain, une enseigne concurrente. Et comme beaucoup de politiques – qui souvent les méprisent mais ne peuvent s'en passer – elle leur prête des pouvoirs supérieurs à ceux qu'ils possèdent.

La candidate a bien compris, en revanche, qu'en ce tournant du siècle qui vante le *no logo*, la réputation des papes des années 1980 est sévèrement écornée. Elle ne veut pas de ces Jacques Séguéla et autres Stéphane Fouks qui depuis des années conseillent chez EuroRSCG les éléphants du Parti socialiste entre deux rendez-vous avec des patrons du Cac 40. Trop visibles. Trop bronzés. Trop com'... Mot d'ordre officiel : Ségolène Royal ne fait pas de communication et n'a pas de conseillers en la matière. « *Pour Ségolène, tout est de la politique, rien que de la politique et encore de la politique*, décrypte souvent Natalie Rastoin. *Alors quand on fait de la communication, on fait encore de la politique.* »

Avec la DG d'Ogilvy pourtant, Ségolène Royal s'offre à la fois les conseils d'une figure du milieu et l'expertise de la nouvelle génération. Cette marketeuse n'a pas le parcours de ces directrices de la communication du Cac 40 propulsées à des fonctions éminentes après quelques mois de cabinet ministériel. C'est une professionnelle qui, après

HEC et un DEA en sciences de l'information, a appris le métier en agence, exerçant dès ses débuts chez Young & Rubicam le job de *strategic planner*. Une fonction que l'on réserve aux têtes bien faites chez qui on sent une capacité et un goût pour flairer, analyser et anticiper les comportements des consommateurs.

C'est là que Jean-Marie Dru, l'un des fondateurs de BDDP, aujourd'hui patron puissant et respecté du réseau mondial de publicité TBWA, la recrute en 1982. Un passage chez Saatchi & Saatchi et dès 1992, Natalie Rastoin se voit confier la direction générale de BDDP en tandem avec Éric Tong Cuong. Elle n'a alors que trente-deux ans. Au 282 du boulevard Saint-Germain, le QG de la campagne – la « cité interdite », raillent certains –, les plus jeunes, comme Aziz Ridouan, jeune audionaute et internaute surdoué de dix-huit ans recruté et chouchouté par Ségolène Royal, savent que Natalie Rastoin est, par exemple, la « maman » d'une des plus fameuses pubs de ces dernières années : celle des desserts Chocosui's de Nestlé. « Tu pousses le bouchon un peu trop loin, Maurice ! » L'apostrophe lancée par un petit garçon accusateur et barbouillé à son poisson rouge a fait le tour des cours de récré. En 2004, les Français interrogés par Ipsos ont placé cette phrase en tête de leurs répliques publicitaires préférées.

Issue d'une riche famille d'huiliers de Marseille, Natalie Rastoin aime la chose publique. Un atavisme. Son grand-oncle était defferriste, adjoint de Gaston à la mairie de Marseille. Elle-même paraît programmée pour faire l'ENA, comme son père,

Gilbert, un ancien SFIO, grand commis de l'État, qui a rejoint le général de Gaulle au moment de la guerre d'Algérie, et fut maire (RPR) de Cassis de 1971 à 1995. Et la publicité est, après tout, un moyen comme un autre de s'intéresser aux vagues de fond et aux petits emballements de la société.

Au tournant des années 1980, la Cofremca et le CCA, deux organismes chargés de repérer ces frémissements, identifient la féminisation de la société comme une tendance lourde des prochaines décennies. Quelques années plus tard – par flair ou par conviction –, Natalie Rastoin fait de ce constat la signature d'une campagne remarquée pour les 3 Suisses : « Demain sera féminin. » Et puisque la femme est l'avenir de l'homme, Natalie Rastoin s'intéresse à celles qui incarnent cet espoir.

Elle suit d'abord de près l'ascension de Frédérique Bredin, la brillante fille du célèbre avocat, Jean-Denis Bredin. En 1986, cette jeune inspectrice des Finances, passée chez Jack Lang, pose ses bagages sous les combles de l'Élysée, où elle retrouve une autre énarque de trois ans son aînée, Ségolène Royal, arrivée cinq ans plus tôt dans l'équipe de Jacques Attali. Dans cette antichambre des ambitions, des amitiés et inimitiés se nouent. Frédérique Bredin fait ainsi la connaissance de Sophie Bouchet-Petersen, chargée de mission pour les PME depuis 1983. Frédérique et son mari Jean-Pascal Beauffret, aujourd'hui l'un des directeurs d'Alcatel, organisent des fêtes ; Sophie y danse le rock jusqu'à l'aube. Ségolène est plus réservée.

Entre les deux futures ministres, l'héritière et la fille d'officier, une sourde compétition s'installe. En 1988, François Mitterrand offre à la fille de son ami Jean-Denis la 9e circonscription de Seine-Maritime. Ségolène Royal, qui à l'époque ne songeait pas à se présenter, force la voie et se fait investir in extremis dans les Deux-Sèvres. Ensemble, les deux jeunes femmes deviennent ministres dans les gouvernements d'Édith Cresson et de Pierre Bérégovoy. Natalie Rastoin, qui officie à l'époque chez Saatchi & Saatchi, accompagne le parcours fulgurant de la seconde. Las ! Cette fabiusienne, comme ses frères de courant, n'est pas autorisée à entrer dans le gouvernement de Lionel Jospin, en 1997 : Laurent Fabius a fixé cette ligne. En septembre 2000, Frédérique Bredin abandonne son siège de députée pour rejoindre Lagardère interactive, dont elle devient directrice générale. L'énarque est pressée et la politique exige de la patience. Ségolène Royal, elle, en a.

En 2002, pendant les derniers mois de la campagne, Natalie Rastoin participe à quelques réunions avec Christophe Lambert, alors président de Publicis Conseil. Après la débâcle du 21 avril, Lambert se rapproche de Nicolas Sarkozy – jusqu'à participer à la mise en scène de sa prise de pouvoir sur l'UMP en novembre 2004. Natalie Rastoin, toujours à l'affût des tendances de l'instant, s'intéresse à la résilience, cette capacité à surmonter les traumatismes et à rebondir dans la vie. La publicitaire réfléchit à la manière d'appliquer au management ce concept passé de la physique à la psychologie et popularisé en France par Boris

Cyrulnik. Comment faire après un malheur comme celui-là ? Comment fabriquer du neuf pour donner envie aux électeurs de voter à nouveau pour la gauche ? « Demain sera féminin ». Natalie Rastoin contacte Ségolène Royal, qui traverse alors une période de légère déprime : « *Je veux travailler avec vous.* »

Avec Philippe Chatilliez, frère du réalisateur Étienne, free-lance de haut vol, fou de variétés françaises et bon connaisseur des États-Unis, elle travaille à la conquête de la région Poitou-Charentes en mars 2004. Un succès ! En décembre 2005, avec Ségolène Royal, Christophe Chantepy et Sophie Bouchet-Petersen, elle participe à la création du site Désirs d'avenir, fer de lance de la future campagne présidentielle.

Peu importe si Natalie Rastoin n'a pas la culture politique des vieux militants. À l'automne 2006, quand Arnaud Montebourg s'indigne que l'on puisse traiter Ségolène Royal de « molletiste », elle est obligée de se faire décrypter ce vocabulaire de sénateur SFIO. Jamais encartée, Natalie Rastoin est une sociale-démocrate qui croit à la société civile. Lorsqu'elle s'est installée dans le XIVe arrondissement de Paris, elle a participé en 1993 avec son ex-mari, le célèbre architecte et designer Vert Édouard François (l'architecte de la Tower flower à Paris, du nouvel hôtel Fouquet's Barrière aux Champs-Élysées, de la maison française de New Delhi), à la création d'Urbanisme et démocratie (Udé !), une association d'habitants du quartier, pour sauver leur jolie rue pavée des Thermopyles d'un projet immobilier. De crêpes-parties en dîners de quartier en passant par les apéro-fanfares et autres rendez-vous chers aux bobos des années 1990, l'association, bête noire de Jean Tiberi, a réussi ensuite le sauvetage du château ouvrier de la rue Raymond-Losserand, dans le quartier Didot.

Entre Ségolène et Natalie, le courant passe. Les intuitions sur le parcours politique de sa nouvelle amie rejoignent les diagnostics établis depuis plusieurs années par la « planeuse stratégique » dont chacun, dans le milieu publicitaire, s'accorde à reconnaître qu'elle hume parfaitement la société française. Ensemble, les deux femmes comprennent qu'il faut appliquer à la future campagne les outils du marketing utilisés par la publicité. Et quelques règles nouvelles mais éprouvées.

Première recette : la disruption. Ce mot valise, mélange bizarre de distinction, de rupture et d'intuition, a été inventé par son mentor, Jean-Marie Dru, dans les années 1980. Les entreprises sont en permanence invitées à repenser profondément leurs stratégies, la manière dont elles orientent leur business, la façon dont elles innovent pour rester compétitives. De même, les marques doivent être capables de franchir des « sauts créatifs » et de se situer en rupture avec les idées reçues. Dru a réussi à faire de sa théorie un slogan pour Apple : « *Think different* », en convoquant pour l'occasion les images de Gandhi ou d'Einstein.

Natalie Rastoin l'a appris chez Dru : cette rupture peut s'articuler autour de « marques à forte personnalité », qui acceptent de rompre avec les structures existantes, celles qui font obstacle entre la marque et le consommateur. Figure absolue de ces structures empesées et vieillissantes ? Le PS et ses éléphants, Jospin, Fabius, Strauss-Kahn ! Incapables de renouveler leur discours, ils représentent tout ce dont les Français ne veulent plus. Pour contourner ces structures pesantes, il y a un justement un outil léger et réactif : Internet. Cet outil que les marques les plus innovantes, Nespresso par exemple, utilisent pour ne plus être l'otage des circuits traditionnels de la distribution.

Deuxième concept de la boîte à outils de la conseillère : la stratégie de la triangulation. C'est la méthode utilisée par Bill Clinton ou Tony Blair. Elle consiste à s'approprier les idées et propositions politiques du camp adverse, pour lui couper les ailes. La méthode n'échappe pas à Henri Weber qui, en octobre 2006, décrypte perfidement dans *Libération* : « *À la suite de Bill Clinton, Blair a mis en œuvre une stratégie de "triangulation", comme on dit en sociologie politique. Mais on peut aussi bien parler de stratégie "attrape-tout" ! Il s'agit de s'approprier les thèmes de l'adversaire, réputés électoralement les plus rentables, et de les amalgamer aux siens propres. C'est ce que fait Royal avec les signaux qu'elle envoie sur l'encadrement militaire, la carte scolaire ou les 35 heures.* »

La candidate qui prétend à l'investiture socialiste teste la méthode. Et ça marche. Devant l'incapacité du PS à aborder les questions de l'insécurité, des violences urbaines, de l'immigration ou de la dévalorisation du travail, elle prend la parole sur ces thèmes porteurs de la droite. Natalie Rastoin l'y encourage, au point que Ségolène Royal peste parfois devant ses proches : « *Elle est vraiment trop droitière. Et c'est moi qui le dis !* » Seule la montée de François Bayrou leur imposera, momentanément, un recadrage à gauche.

Troisième règle de base : la priorité au client, considéré comme un expert averti et exigeant. Le citoyen expert de Désirs d'avenir, c'est la parfaite démarque du consommateur expert et du *client first*, discours dominant dans la publicité depuis dix ans. Jean-Pierre Raffarin, venu lui aussi du marketing, avait repéré le filon avec « la France d'en bas », sans aller au bout de la logique. Ségolène et Natalie, elles, assument sans complexe. Plutôt que d'écouter les experts du PS, mieux vaut écouter les Français d'en bas et transformer Désirs d'avenir en chambre d'enregistrement.

Quatrième principe : construire une *lovemark* en suivant les préceptes de Kevin Roberts, le patron mondial de la grande agence Saatchi & Saatchi. Une *lovemark*, c'est une marque qui établit avec ses clients des liens émotionnels et non plus rationnels, fondés sur deux sentiments très humains : le respect, qui est lié à la performance, à la confiance et la réputation ; l'amour, entretenu par la sensualité, l'intimité et une part de mystère, qu'il faut savoir entretenir. Ségolène Royal sait y faire.

Dans un tel contexte, la compétence ou l'efficacité ne sont plus des critères uniques de sélection. La sensualité prime sur l'expertise et le mystère sur la transparence. En n'oubliant pas, une nouvelle fois, que la marque appartient aux consommateurs et non aux entreprises, aux électeurs et aux sympathisants autant qu'aux militants… La partition paraît écrite pour Ségolène Royal. En vieux routier de la pub, Jean-Michel Goudard, le G de RSCG, engagé aux côtés de Chirac en 1995, puis de Nicolas Sarkozy en 2007, commente la manœuvre : « *Rastoin fait pour Royal une campagne L'Oréal. Je montre la beauté et le sourire, mais surtout pas le produit.* » La signature de cette publicité était, on s'en souvient : « *Parce que je le vaux bien.* »

6

Alain Mergier et le syndrome du non

Alain Mergier ne se souvient pas d'avoir jamais vu des yeux comme ceux-là. « *Un regard reptilien* », se dit-il en quittant le bistrot. Rarement, dans sa carrière de sémiologue, il a eu en face de lui quelqu'un qui l'écoutait avec une attention aussi intense et précise. « *Racontez-lui, ça va l'intéresser* », a lancé François Hollande en présentant « *Ségolène* » au « *spécialiste des logiques d'opinion* », dans ce café proche de la rue de Solférino. En ce printemps 2005, la future candidate écoute, passionnée, le récit des mécanismes profonds qui, selon ce spécialiste, vont mener la France à voter « non », dans quelques semaines, au traité constitutionnel européen.

Souvent, c'est François Hollande qui présente ses futurs collaborateurs à Ségolène Royal. Alain Mergier, psychosociologue, autodidacte bourré de flair, a déjà détaillé pour le patron du PS une enquête qualitative réalisée à partir d'entretiens individuels et approfondis d'électeurs indécis et sans affiliation politique, à propos du référendum sur la constitution européenne, le 29 mai 2005. Il l'expose à nouveau devant le couple. Son analyse est glaçante pour les partisans du « oui ». Et au premier chef pour François Hollande, qui tente d'entraîner son parti dans le soutien au traité constitutionnel européen après un référendum interne qui a profondément divisé les militants socialistes.

Ségolène Royal écoute, fascinée, cet homme étonnant. Le consultant observe en effet clairement que le choix du « non » à la constitution apparaît comme logique et réfléchi, là où les tenants du « oui » le présentent comme irrationnel. Deuxième constat : bon nombre d'indécis séduits par le rejet du texte se disent « *européens* » et « *vont jusqu'à se mettre en colère si on les taxe du contraire* ». Autant dire que, pour l'emporter, les tenants du « oui » sont mal partis.

Mais ce qui intéresse tout particulièrement la présidente de Poitou-Charentes, c'est l'analyse que son interlocuteur dresse des ressorts du « non ». Le premier est lié à la fameuse « identité française » qui se trouve déjà au cœur des réticences au traité. « *Les Français ont un rapport très particulier à la notion d'État, perçu comme protecteur, centralisé, aux frontières intangibles. Or, l'Europe représente tout le contraire : une hétérogénéité extrême, des frontières provisoires. Il y a là une contradiction fondamentale* », lui explique le sémiologue. L'élargissement de l'Europe aux pays de l'Est et l'adhésion de la Turquie, même si elle a lieu dans quinze ou vingt ans, accentuent ces craintes. D'où la tentation de différer le passage à l'acte que représente la constitution européenne.

« Leur intention ne vise ni l'Europe ni la constitution mais le calendrier. »

Pédagogue, le sémiologue explique enfin que le « non » représente beaucoup plus qu'un vote sanction contre le gouvernement. Il rejette plutôt une Europe jugée trop libérale, responsable des délocalisations, de la perte du contrôle social. « *Le non est devenu l'acte fort, dynamique, quand le oui est assimilé au laisser-faire* », résume Mergier. Le consultant préconise donc, entre les mots, un changement notoire de stratégie de campagne. Déjà, trois mois avant 2002, l'homme avait mis en évidence la prégnance du vote en faveur du Front national. Il avait aussi mené pour plusieurs entreprises publiques, qui comptent parmi ses meilleurs clients, une analyse sur les conséquences des attentats du 11 septembre 2001 chez les Français, et sur le rapport qu'ils entretiennent désormais au danger. Analyse repérée par la fondation Jean-Jaurès, proche de Dominique Strauss-Kahn, qui, peu après le référendum, commande d'ailleurs au sémiologue un ouvrage intitulé *Le Descenseur social*.

Né en 1951, parti à vingt-deux ans en Amérique latine, dans ce courant des années 1970 favorable aux mouvements de libération, même teintés de guérilla, Mergier a longtemps triché sur son âge et ses diplômes. Il apprenait la nuit les cours de sémiologie qu'il enseignait le jour, à Bogota, en Colombie. De retour en France, en 1981, il entre à la Sorgem, l'un des leaders français des études qualitatives, fonde ensuite avec un autre sémiologue, Eliseo Veron, le cabinet d'études Causa rerum (Paris-Buenos Aires). Dans le milieu parisien des sociologues, où il agace beaucoup, il y a gagné un surnom : « le danseur de tango ». À l'époque, il s'affirme bien plus proche de libéraux comme Gérard Longuet et Alain Madelin que de la gauche. Est-ce parce qu'il est alors un fervent adepte des privatisations ? France Télécom et la RATP le consultent en tout cas quand il faut négocier un tournant commercial. Il n'a alors pas de mots assez critiques pour évoquer les conservatismes des syndicats. En 2002, il crée Wei opinions – un concept de la pensée chinoise qui signifie « émergence du nouveau ». Tout un programme...

Mais comment modifier la campagne sans renier les arguments pour appeler à choisir le « oui » ? Chacun continue donc, bon an, mal an, à suivre ses argumentaires. Ségolène Royal comme les autres, qui à sa manière, entre pédagogie et Poitou-Charentes, prend soin de souligner à chaque fois qu'elle évoque ce scrutin qu'il s'agit d'un « *référendum d'initiative populaire* ». Soucieuse de parler concret, elle grossit souvent le trait en expliquant, comme à « Mots croisés », sur France 2, le 16 mai : « *Si le non l'emporte, je serai obligée de privatiser les cantines scolaires de ma région.* »

Comme Alain Mergier l'avait prévu, le « non » l'emporte, le 29 mai 2005, avec 54,67 % des voix. Ségolène Royal sait que c'est un jour noir pour l'Europe et pour François Hollande. Mais sa colère, ce soir-là, tient surtout à ce que ce score représente pour elle : sa première défaite politique. L'échec du « oui » pour lequel elle s'est engagée trouble le bel ordonnancement de son parcours sans faute depuis 1988. Elle qui prend soin de ne jamais prendre la parole sur les thèmes sensibles, qui s'est précautionneusement tue dans les réunions de ministres lorsque le sujet était polémique et que son engagement risquait un jour de lui être rappelé, doit aujourd'hui convenir qu'elle a été désavouée par les Français.

De ce jour, Ségolène Royal se met à consulter Alain Mergier. Seule. Parallèlement à des rendez-vous réguliers avec son amie spécialiste de l'opinion Natalie Rastoin, elle rencontre plusieurs fois par semaine le sémiologue. Elle l'écoute expliquer que, pour gagner le prochain scrutin, la gauche devra reconquérir les « catégories populaires », concept clé d'Alain Mergier. Lors du référendum, ces catégories ont manifesté leur rancœur d'être dépossédées de leur statut de sujet politique, explique-t-il à la députée des Deux-Sèvres. Mais, en même temps, elles l'ont fait en choisissant en 2002 le Front national par le moyen le plus démocratique qui soit : le vote. Un actif sur deux et un électeur sur trois sont issus de ces milieux populaires. La présidente de la région Poitou-Charentes saisit bien l'enjeu.

Pour elle, il y a une autre leçon à tirer du référendum. L'efficace campagne des « nonistes » a, en effet, renouvelé le genre. Sur Internet, les opposants au traité constitutionnel européen étaient plus nombreux à se battre, plus motivés, plus belliqueux. Grâce aux liens entre sites, les arguments de milliers de citoyens, comme celui d'un professeur d'économie, Étienne Chouard, ont trouvé une extraordinaire caisse de résonance. Les « nonistes » ont tissé leur toile, envahi l'espace de sites et de blogs, éclipsé les *think tanks* et autres outils européens pourtant présents sur la Toile. Les murmures sont devenus clameurs.

Là où les militants du « oui » ont patiemment bâti des argumentaires, les partisans du « non » ont déconstruit point par point le traité sur la Toile. Ils se sont aussi servi d'Internet comme d'un outil pour opérer une lecture politique du traité constitutionnel grâce, notamment, au comptage de la notoriété des thèmes et des occurrences de mots (les fameux *rankings* de Google). C'est ainsi, par exemple, qu'ils découvrent que le texte du traité contient sept fois plus le mot concurrence que les mots égalité ou liberté, qu'ils s'en servent – les internautes sont souvent de très bons informaticiens – et le font savoir. Sur des listes de diffusion, ce genre d'argument fait mouche.

La bataille du « oui », le Parti socialiste et l'UMP l'ont perdue sur le Net. Maurice Ronai, secrétaire national aux nouvelles technologies de l'information et de la communication (NTIC) au PS en est le premier convaincu.

Voilà longtemps que le « Monsieur Internet » de la rue de Solférino se morfondait et s'agaçait en silence. En 1998, il a créé la section d'e-militants Temps réels – à vrai dire plutôt assoupie –, après avoir constaté, navré, qu'en 1997 Internet ne figurait même pas dans le programme des socialistes aux élections législatives. Il se désole de voir le peu de cas que le PS, crispé sur ses habitudes, accorde à ce qui se passe sur le Net. Lui, adepte de la navigation sur la Toile, familier de sa circulation rapide et horizontale, ne cesse de se heurter à des problèmes d'autorisation, de signature, bref, à la bureaucratie du parti mais aussi à des problèmes générationnels. Les méchantes langues racontent que le premier secrétaire ne possède pas d'ordinateur dans son bureau. Ils n'ont pas tort. Hollande n'en réclamera un qu'à quelques semaines du premier tour de l'élection présidentielle de 2007...

Comme Olivier Faure, le jeune directeur adjoint du cabinet de François Hollande, Maurice Ronai a cependant suivi la campagne référendaire depuis la rue de Solférino. Il a vu une machine qui tournait à plein régime, un système de veille éprouvé et impeccable, mais impuissant à contrer le phénomène du « non ».

Or, à la tête du département multimédia du Service d'information du gouvernement (SIG), à deux pas des Invalides, Benoît Thieulin fait au même moment un constat similaire. Ce jeune trentenaire, brillant et inventif, frais émoulu de Sciences-Po, est fou de nouvelles technologies. Il a en main les meilleurs outils : un observatoire qu'il a créé pour l'occasion. Dès les premiers mois de l'année 2005, il assiste lui aussi, fasciné, au phénomène. Il découvre l'effet de réseau et surtout sa densité.

En mars 2005, quand il tape « Europe » sur Google, il constate qu'un internaute possède une chance sur sept de tomber sur un site défendant le « non ». Puis, qu'une fois entré dans cette toile d'araignée, il en reste souvent prisonnier. Un lien – l'équivalent d'une citation, sur Internet – le renvoie en effet immédiatement à un site ami (celui d'Attac, ceux des réseaux altermondialistes, celui du Logiciel libre, qu'il a vite repéré). Les sites favorables au « oui », beaucoup plus institutionnels, précipitent rapidement l'internaute en « queue d'information », au bout de l'arborescence.

Lors de cette première grande bataille politique qui, en France, se joue sur Internet, le jeune homme observe aussi un autre phénomène : la bataille des idées se mène désormais sur la Toile, dans les blogs, loin des médias traditionnels. C'est là, constate-t-il, que se trouvent les idées et les thèmes émergents du jour, bien davantage que dans les tribunes ou les éditoriaux de la presse écrite. Cette nouveauté se conjugue en outre, note-t-il, avec cette surprenante exception française : la défiance à l'égard des médias, sévèrement critiqués sur la Toile, qui s'est amorcée, dès le milieu des années 1990, avec le succès de l'hebdomadaire *Marianne,* dont le sommaire dit à lui seul toute la philosophie : le patronyme des lecteurs, lorsqu'ils voient leur tribune publiée, a la même taille et la même typographie que ceux des journalistes maison.

Las ! Benoît Thieulin n'a pas davantage prise sur l'événement que ses voisins de la rue de Solférino ou du siège de l'UMP. Le jeune homme repère vite le désastre annoncé pour le gouvernement, rédige de nombreuses notes d'alerte, en rend compte au premier ministre, Jean-Pierre Raffarin, de manière très précise. « *On va dans le mur !* » répète-t-il tous les jours au téléphone. En vain. On repère néanmoins cet augure. Paris et Bruxelles lui confient la tête du Centre d'information sur l'Europe où il tente d'apporter une réponse sur le Net au naufrage de la Toile européenne.

C'est là que, peu avant Noël 2005, on le contacte. Net d'or 2000, Clic d'or 2005, c'est lui qu'il faut à la future candidate.

7

La candidature Internet

C'est la première fois, ce 6 octobre 2006, que la candidate virtuelle réunit ses troupes. Deux cents cadres du parti, dont l'ancien premier ministre Pierre Mauroy, François Rebsamen, le numéro deux du PS, Jean-Marc Ayrault, le patron du groupe à l'Assemblée nationale, qui officialise ce jour-là son soutien à Ségolène Royal, se sont réunis au théâtre des Blancs-Manteaux pour assister au conseil d'animation de la campagne. Sur la scène, Benoît Thieulin. Il a décidé de projeter son « Powerpoint », qu'il commente tel un chef de guerre.

Dans quelques semaines, le concepteur du site Désirs d'avenir, qui soutient depuis huit mois la candidate, deviendra le responsable de la Netcampagne de Ségolène Royal qui s'installe, dès le 2 janvier 2007, au 282, boulevard Saint-Germain. Il dresse déjà pour elle une note de veille quotidienne du Web, qu'il lui détaille plus précisément avant ses prestations télévisées. Il mesure le « buzz » qui agite la Toile, renifle les mauvais coups qui se préparent ou les rumeurs qui enflent. Il démasque les vidéos pirates « postées » par les amis de Dominique Strauss-Kahn, débusque derrière les pseudos les proches de Laurent Fabius et dégoupille les grenades de l'UMP.

Mais, ce jour-là, il est venu raconter à ses aînés de la rue de Solférino la campagne d'Howard Dean, l'un des neuf candidats aux primaires démocrates à l'élection présidentielle américaine de 2004. « *Le Ségolène américain* », s'amuse-t-il. Toute l'organisation de sa campagne s'est appuyée, raconte-t-il, sur l'utilisation des outils online. Le lancement du gouverneur du Vermont s'est fait via la plate-forme de rendez-vous Meetup.com : ses fans pouvaient facilement s'y retrouver et se fixer des rendez-vous, par affinités, sur la Toile. En deux temps trois mouvements, Dean a ainsi fédéré des comités de soutien dans tous les États américains et a pu mobiliser sans délai près de 50 000 militants – le tout pour un coût dérisoire. Il s'est enfin appuyé sur MoveOn.org, le principal site d'opposition aux républicains de Bush, « *où les campagnes étaient élaborées et financées avec les dons en ligne des cybermilitants* », rapporte encore le jeune homme.

Benoît Thieulin met en garde sur la nouveauté, depuis l'avènement de plates-formes comme Daily-Motion, YouTube ou Googlevideos, que constituent dans une campagne les images. « *Attention aux caméras cachées et aux déclarations intempestives !* prévient le jeune militant. *Pendant le débat référendaire, une déclaration de Jacques Delors à une revue confidentielle deux ans auparavant avait été exhumée et retournée contre le camp du "oui".* » L'assistance, aussi ignorante que stupéfaite, est médusée. Mais, quelques semaines plus tard, quand Ségolène Royal sera officiellement investie et qu'il faudra lui choisir un site, c'est sans trop de réticences que le PS acceptera la plate-forme Désirs d'avenir. Avec, à sa tête, ce gradé des Webcampagnes qui, aux Blancs-Manteaux, leur a dévoilé son plan de guerre.

« *Qu'elle le veuille ou non, nous la soutenons !* » La petite phrase, qui sonne comme un slogan, était passée inaperçue rue de Solférino. Sur Internet, en revanche, la rime que le militant socialiste Jean-Bernard Magescas avait placée, dès l'été 2005, sur la *baseline* de son blog avait fait mouche. Devant ses amis, Jean-Noël Tronc, l'ex-conseiller de Lionel Jospin devenu directeur général d'Orange, et Maurice Ronai, le « Monsieur nouvelles technologies » du PS, Magescas, président de l'opérateur wifi Fon-France, déclinait sa ségophilie sur tous les tons. « *Pour elle, jusqu'au dernier pixel...* »

Ce premier réseau de soutien va rester un moment dans l'ombre. Il vit sa vie loin des soupçons et des états d'âme de la rue de Solférino, où tout le monde, de Jack Lang à Laurent Fabius, en passant par Dominique Strauss-Kahn et bien sûr François Hollande, se rêve encore candidat. Dès août 2005, le premier blog de soutien à Ségolène Royal, Segoloscope, recense – ce n'est pas un hasard – les sondages consacrés à la présidente de la région Poitou-Charentes. Trois autres suivent avant Noël : Ségolene headlines, Ségolothèque, Ségolene digitals...

Le « oui » s'est perdu sur le Net. La présidentielle, Ségolène Royal flaire qu'elle peut la gagner en ligne. Personne ne sait, ne dit, officiellement, que la présidente de la région Poitou-Charentes souhaite se porter candidate. Mais, sur la Toile, ça s'affole déjà. La candidate en a vent. Elle veut rencontrer Jean-Bernard Magescas et Maurice Ronai, les deux fondateurs de Temps réels, la section d'internautes socialistes. L'amie de la future candidate, Sophie Bouchet-Petersen, commence par tester les deux quinquagénaires du parti qu'elle n'a jamais rencontrés. Elle les écoute expliquer que, pour eux, la seule bonne campagne est une « *campagne participative et ouverte* ».

Les recommandations des deux militants rencontrent les convictions bien établies de Sophie Bouchet-Petersen. La conseillère, en effet, croit depuis longtemps, comme la candidate, à la « démocratie participative ». Cette fille de bonne famille, ancienne de la Ligue communiste révolutionnaire (LCR), qui a fait ses classes comme claviste à *Rouge* (dont elle a épousé le maquettiste) et vendu l'hebdomadaire dans les petits matins froids de Boulogne-Billancourt, s'est rendue en 2001 au Brésil, à Porto Alegre, la ville laboratoire des budgets participatifs. Elle a aussi examiné à la loupe la mise en place, entre 2000 et 2003, des comités citoyens de Berlin, lu scrupuleusement toute la littérature consacrée au sujet et suivi avec passion les séminaires sur les processus de démocratisation.

C'est l'époque où le nouveau premier ministre, Jean-Pierre Raffarin, flatte « *la France d'en bas* ». « *Baratin dix-neuvièmard !* » rigole Sophie l'iconoclaste. Dès novembre 2002, la députée des Deux-Sèvres avait préféré défendre à l'Assemblée nationale la « *République des citoyens* » fondée sur « *la mise en place de contre-pouvoirs* », et évoqué l'« *expérience intéressante* » des « *jurys citoyens tirés au sort* ». Ségolène Royal défend aussi les référendums d'initiative populaire, sur lesquels, estime-t-elle, doit s'appuyer la fameuse démocratie participative.

Le viatique devient le concept – victorieux – de sa campagne aux élections régionales de Poitou-Charentes, durant laquelle elle promet de verser « *10 % du budget régional à la décision et au débat participatifs* ». À peine élue à la tête de la région, Ségolène Royal reçoit de fait deux chercheurs, le sociologue Yves Sintomer, qui enseigne à Paris-VIII, et le politologue Loïc Blondiaux, professeur à l'Institut d'études politiques de Lille, tous deux théoriciens de ce mode de gestion qui rend « *le pouvoir au peuple* ».

Dans son esprit, la démocratie participative est une réponse à la contestation des pouvoirs qui s'est fait jour depuis vingt ans en France mais aussi dans la plupart des démocraties développées. « *Il faut s'arracher à la viscosité des habitudes* », lui répète tous les jours Sophie Bouchet-Petersen en citant Gramsci dans le texte. Cette approche nouvelle déjoue la critique contre les « *monopoles indolents* » du pouvoir. En discutant eux-mêmes de leurs priorités, les citoyens peuvent faire remonter leurs aspirations, voire s'arroger une part de responsabilité dans la décision, plaident les deux amies.

« Dommage qu'on vous ait pas rencontrés plus tôt », lâche Sophie Bouchet-Petersen en raccompagnant Magescas et Ronai. Elle les mène jusqu'au bureau de Ségolène Royal, qui ne boude pas son plaisir : *« Alors, comme ça, que je le veuille ou non, je dois être candidate ? Quelle drôle d'idée ! »* Les deux militants ont lu dans la presse qu'elle souhaitait ouvrir un site et écrire un livre. *« Veillez à ce que, dans votre contrat, il soit bien stipulé qu'on pourra le mettre en ligne »*, conseillent-ils à la candidate, en lui suggérant de publier son livre en ligne, pour pouvoir prendre connaissance des réactions qu'il suscite après coup chez les internautes. L'intéressée écoute et propose, alors, emballée. *« Mieux : faisons-en un livre interactif. Enrichissons-le au fur à mesure des contributions que posteront les militants ! »*

C'est le début de Désirs d'avenir. Sophie Bouchet-Petersen convie à déjeuner Christophe Chantepy, qui se morfond au Conseil d'État. La veille, il avait reçu un coup de téléphone de son ancienne patronne, du temps où elle était ministre déléguée à l'Enseignement scolaire : *« Écoute bien ce que Sophie va te dire. »* Un mois plus tard, l'ancien directeur de cabinet de Ségolène Royal dépose les statuts d'un site qui, sur fond de ciel bleu, se choisit un nom à consonance un peu mièvre, mais qui sonne comme un pied de nez aux déclinologues et aux déprimistes en tout genre.

C'est Ségolène Royal, comme toujours, qui a imposé le patronyme, au flair. Le 16 octobre 2005, elle a accompagné François Hollande à la fête de la Rose, à Uzerche. Devant les militants corréziens, elle a laissé le premier secrétaire théoriser sur l'avenir de la gauche, et a joué sa propre petite partition. « *Il faut redonner un désir d'avenir à la France* », glisse la députée des Deux-Sèvres aux militants. L'expression devient le sujet central de la dépêche du correspondant de l'Agence France-Presse, puis le lendemain... le nom du site et de l'association !

Présidé par le Rochelais Denis Leroy, domicilié chez Sophie Bouchet, Désirs d'avenir est soigneusement paritaire : Natalie Rastoin, directrice générale d'Ogilvy & Mather France, Joëlle Maury, militante associative, Jean-Louis Fulachier, directeur général des services à la région, et bien sûr Christophe Chantepy. Nouvelle recrue bénévole, Benoît Thieulin, l'homme qui a le mieux observé, depuis sa tour de contrôle du SIG, les miracles de la campagne du « non », devient le concepteur du site.

Le jeune homme a l'intuition que le temps des blogs politiques est dépassé. « *C'est le degré zéro de l'Internet politique* », explique-t-il. Il les laisse à Alain Juppé et d'autres. « *Le blog de Loïc Le Meur, celui de Jean Quatremer, ça, en revanche, c'est plus important que les pages Inter des journaux. Beaucoup plus prescripteur.* » Sophie Bouchet-Petersen approuve : « *Il ne faut surtout pas "ma gueule, ma bio, ma pensée qui dégouline, mes maîtres et mes modèles à penser".* » Le 10 février 2006, après six versions différentes, Benoît Thieulin lance la plate-forme des débats participatifs du nouveau site.

« *J'ai acquis la conviction que les citoyens, lorsqu'un problème est vécu ou lorsqu'un progrès est espéré, sont des experts légitimes de la question posée,* y écrit la députée des Deux-Sèvres pour l'inaugurer, en février 2006. *Dans un monde de plus en plus complexe mais aussi informé, chacun détient une part de vérité.* » Quelques semaines après son ouverture, Désirs d'avenir reçoit 200 000 visites. Et, en un mois et demi, quelque 6 000 propositions, prémices de la « *première expérience de livre politique en ligne* », sont déposées sur le site. Christophe Chantepy est débordé.

Du coup, il faut doubler l'équipe des modérateurs, ces intermédiaires qui organisent les débats. S'il fallait décrire le nouveau militantisme à la mode Ségolène, c'est sans doute d'eux qu'il faudrait parler. À mesure que la-pas-encore-candidate monte dans les sondages, Christophe Chantepy voit en effet affluer les propositions de membres de cabinet, conseillers d'État, fonctionnaires de l'Assemblée et préfets en tout genre. Ils veulent tous aider Ségolène. Mais à la mode d'autrefois : en rédigeant des notes d'experts.

Or ce n'est pas du tout ce dont a besoin Christophe Chantepy. Lui veut des « personnes ressources », comme on appelle les experts dans la Ségolangue qui s'installe, et des modérateurs. Des gens capables d'organiser le réseau et de faire vivre le site. Des personnes à la tête bien faite capables de lire ces centaines de contributions déposées sur Désirs d'avenir, de repérer leurs auteurs, de neutraliser les « trolls », les squatters d'Internet, d'en « valoriser » d'autres, de noter leurs idées. Des militants capables d'en extraire la substantifique moelle – les « *pépites* », dit la candidate – et de cerner sujets de préoccupation et revendications qui affleurent, dont quelques-uns nourriront son futur programme : le poids de la vie chère, l'inégalité de la carte scolaire, l'utilité d'un service public de la caution pour le logement...

Ces modérateurs capables d'oublier leurs titres et leurs diplômes pour réaliser ce travail fastidieux, vont former la première équipe – le premier cercle de collaborateurs. À l'école de la méritocratie participative, on repère ainsi une sous-préfète qui rédige des « *super-synthèses géniales* » : c'est Camille Putois, la future chef de cabinet de la candidate. À L'Autre Café, un bistrot bobo de la rue Jean-Pierre-Timbaud, à Paris, Benoît Thieulin réunit ses « mod's », comme il les appelle, pour des « briefs » et des apéros. Au plus fort de la campagne, ils seront soixante-dix, ordinateurs portables sur la table, à répondre à l'invitation. Ils voient ainsi monter François Bayrou une à deux semaines avant que ne le révèlent les sondages. Et constatent le mécontentement des militants de Désirs d'avenir après que la candidate a rappelé les éléphants...

À La Fée verte, un autre café wifi de la rue de la Roquette, encore dans le XIe arrondissement, Maurice Ronai rassemble d'autres troupes. Le « Monsieur nouvelles technologies » du PS est en effet convaincu que la candidate doit s'attacher la jeune communauté des internautes en lui envoyant quelques signaux forts. Dès mai 2005, le débat sur le téléchargement est mis en ligne et vite tranché : « *Un internaute sur trois télécharge sur les réseaux P2P* [peer to peer] *: il faut donc d'abord se demander pourquoi plusieurs millions de nos concitoyens s'adonnent à une pratique aujourd'hui illégale [...], malgré les risques pénaux. Le P2P est une chance* », écrit la candidate. Richard Stallman, gourou d'UJC Libre, mouvement pour le logiciel libre, est annoncé dans la capitale française ? La candidate le rencontre et le fait savoir aux internautes, en précisant qu'ils se sont « *accordé la liberté de redistribuer des copies, la liberté de publier ses versions améliorées* »...

À l'insu du PS, Désirs d'avenir fabrique donc la première candidature Internet ! Ce pari sera le socle de la démarche participative, qui permettra de créer 950 comités locaux. La nouvelle campagne d'adhésion du PS, que Jack Lang lance en novembre 2005 en pensant d'abord à sa candidature, sert au final Ségolène Royal. En ligne, pour 20 euros, on peut choisir son candidat, définir son programme : qui dit mieux ? Le principe du réseau fait le reste. « *150 000 personnes en influencent un million* », explique-t-on à Ségolène Royal. Comme Howard Dean sur Meetup.com, Christophe Chantepy choisit d'organiser la campagne en utilisant le plus simple des outils communautaires de la Toile : les Google groupes, qui maillent le territoire, organisent les soutiens, et ouvre boutique sur Internet comme on louait auparavant, ici et là, un petit local de campagne. L'un d'entre eux deviendra célèbre : c'est celui de l'équipe qui doit s'installer, le 2 janvier 2007, au 282, boulevard Saint-Germain, à Paris. Comme « 282 » était déjà réservé, Benoît Thieulin a nommé ce Google groupe « *2-huit-2* ». Presque une marque pour le nouveau QG de la candidate.

8

« Dites que j'ai bien connu Mitterrand »

Elle a été sa ministre lorsqu'il était président, mais n'a jamais escaladé Solutré. Elle n'a jamais dîné rue de Bièvre, jamais passé le week-end de la Pentecôte à Cluny, jamais visité l'été la bergerie de Latche. Elle n'a même jamais déjeuné en tête à tête avec lui, au Dôme, au Divellec ou ailleurs. Pourtant, lorsque des proches lui demandent comment ils pourraient l'aider durant la campagne, elle a pour eux deux réponses toutes prêtes. « *Dites du bien de moi* », sourit-elle. Et surtout, avec cet aplomb inouï qui signe la candidate : « *Dites que j'ai bien connu François Mitterrand.* »

Les vieux grognards de la mitterrandie, de Jean-Claude Colliard à Roger Hanin, s'agacent de ses affirmations effrontées. Les gardiens du temple n'apprécient pas tous non plus le récit qu'elle dresse du dernier conseil des ministres de François Mitterrand avant la deuxième cohabitation, en 1993 : elle aurait été la seule à s'émouvoir aux larmes des paroles du président. Même Jacques Attali – qui pourtant, dans ses livres, n'a jamais tari d'éloges sur celle qu'il a fait entrer à l'Élysée – fait mine de s'étonner de son culot : « *Lorsqu'elle dit qu'elle a préparé tous les sommets internationaux avec Mitterrand, la presse pourrait vérifier. Ce n'est vrai que du premier, celui des chefs d'État des pays industrialisés, en 1981. Aux États-Unis, les médias ne laisseraient jamais passer pareil mensonge...* »

« *La vérité, c'est que Ségolène n'a pas cessé d'observer François Mitterrand* », lâche un jour François Hollande, comme s'il la découvrait lui-même avec retard – voire s'en apercevait à ses dépens. La vérité aussi, c'est que sa compagne est persuadée qu'elle possède le même don de séduction sur les foules, le même sens de la France et de l'histoire, le même talent pour les hold-up sur les partis. « *La victoire, vous ne la rencontrerez que si vous la forcez* », lance-t-elle à Toulouse, le 20 avril 2007, citant l'ancien chef de l'État devant son épouse Danielle. « *Quelle bonne idée* », fait-elle répondre à *L'Hebdo des socialistes* qui propose, entre les deux tours, de raconter en fiction ses premiers mois de présidente, en regard de ceux de l'ancien président. Quand devant elle quelqu'un sèche sur les mots qu'elle pourrait prononcer devant tel auditoire, face à tel événement, elle lance souvent : « *Dites-vous : qu'aurait fait François Mitterrand dans cette occasion ?* »

La vérité, c'est enfin que Ségolène Royal a imaginé qu'il y avait, dans son combat pour l'investiture socialiste, puis dans la course à l'Élysée, un bon usage de François Mitterrand. Dix ans après sa mort, le président socialiste est devenu tendance.

Même un ancien communiste comme Robert Guédiguian, soutien de José Bové, se découvre aujourd'hui amoureux du promeneur du Champ-de-Mars. Ce n'est pas un hasard si la candidate de 2007 convoque si souvent celui de 1981. Tous ces souvenirs doivent gommer la cuisante défaite de Lionel Jospin, trop présent dans les têtes, enjamber la parenthèse de 1995 à 2002, et rappeler que la gauche, ce peut être aussi une victoire et une fête, comme à la Bastille, vingt-cinq ans plus tôt. Cette fête que François Hollande et Ségolène Royal, enfermés dans le grand bureau de Lionel Jospin, rue de Solférino, avaient hélas raté, prisonniers des embouteillages du soir...

Pour le film de la campagne officielle, on a donc exhumé quelques plans de la jeune députée avec le président de la République. Pour le matériel de campagne, une photo mal cadrée de la jeune femme visitant avec lui une maison de retraite, une autre d'une promenade sur les canaux du Marais poitevin. Mais il a bien fallu se rendre à l'évidence. Les photos sont rares. L'institut François-Mitterrand en recense moins d'une dizaine. Et lorsque la candidate, en décembre, après son investiture, a fait le compte des clichés, elle a dû tristement constater que son propre fonds, comme celui des agences, était bien pauvre.

Qu'importe. Références et clins d'œil vont les remplacer, tournant parfois au fétichisme. En février 1981, le candidat du PS avait choisi de s'évader en Chine, trois semaines après son investiture. Dix longues journées à parcourir en train l'Empire du Milieu, avec Gaston Defferre, à ne rien faire ou presque, juste pour ne pas être là, à Paris, parce qu'il avait l'obsession du moment vide et qu'il jugeait que, dans une campagne, les mois de janvier et de février sont meurtriers. Les journalistes qui l'accompagnaient, comme Pierre Favier de l'AFP, n'avaient jamais autant dîné avec le premier secrétaire du PS. Vingt-six ans plus tard, voilà donc Ségolène à Pékin, comme Mitterrand. « *Si ça doit devenir une tradition...* », lance-t-elle, radieuse, sur la Grande Muraille de Chine. Un mois après, elle annonce à Villepinte les « 100 propositions » de son « pacte présidentiel ». Une déclinaison assumée des « 110 propositions » de 1981.

Dès la fête de la Rose de Frangy-en-Bresse, fin août 2006, elle a commencé à semer ses petits cailloux. « *Je revendique la lignée mitterrandienne, et j'en suis fière.* » À Narbonne, le 4 novembre, elle confie à des sympathisants socialistes : « *Je ressens aujourd'hui un léger parfum de 1981 en voyant ici tous vos visages, tous vos sourires.* » François Hollande, le premier secrétaire, à la veille du dernier débat de la campagne interne à Toulouse entre Laurent Fabius, Dominique Strauss-Kahn et sa compagne, le 9 novembre, l'ose pour elle : « *Le successeur de François Mitterrand était là ce soir !* » Successeur. Bien mieux qu'héritière...

C'est là que le bât blesse. Il faut être mitterrandienne, sans être tournée vers le passé ni gommer l'image de nouveauté soigneusement travaillée. « *Je serai* [à Jarnac] *par le cœur et la pensée. Il aurait fait le même choix* », a-t-elle lancé, le 10 janvier 2006, pour expliquer son absence à la cérémonie anniversaire de la mort de l'ancien président où toute la mitterrandie se pressait. Elle a deviné le ridicule de ces chapeaux de feutre et de ce deuil porté en bandoulière, sous la pluie, et parié sur l'élection à la présidence chilienne de la socialiste Michelle Bachelet. La victoire se trouve du côté de l'Amérique latine, des femmes et du soleil. Mais il a suffi à la candidate de faire largement savoir, ce jour-là, que c'est le conseil régional de Poitou-Charentes, qu'elle préside, qui a aidé à racheter l'ancienne vinaigrerie de la rue Abel-Gay, où était né le défunt.

Qui se souvient, en revanche, de cette petite femme frêle, blottie dix ans plus tôt dans l'église de Jarnac ? La disciple s'était invitée aux obsèques de l'ancien chef de l'État, emmenant avec elle l'aîné de ses enfants, Thomas. La cérémonie était pourtant réservée à la famille et aux intimes – André Rousselet, Robert Badinter, Michel Charasse ou Roland Dumas. Mais Ségolène a voulu rendre hommage à celui qu'elle connaît depuis seize ans. En 1980, avec Jean-Louis Bianco, François Hollande ou Maurice Benassayag, elle travaille pour Jacques Attali, qui est devenu l'un des piliers de l'équipe de campagne du candidat socialiste. C'est la seule fois de sa vie où elle se rendra rue de Bièvre : pour déposer une note au futur président ! Nommé « conseiller spécial » après la victoire, Attali, qui rêvait de devenir secrétaire général de l'Élysée, a droit, en guise de consolation, de se constituer une petite équipe. Il invite donc Jean-Louis Bianco, son copain de Janson-de-Sailly, à quitter sa retraite sabbatique dans les Alpes-de-Haute-Provence, et recrute le diplomate Pierre Morel, ainsi que deux jeunes énarques totalement inconnus, François Hollande et Ségolène Royal.

« *Conseillère du conseiller* », petite main. C'est donc cela, Ségolène Royal à ses débuts. Mais la jeune femme cherche, depuis son petit bureau des combles de l'annexe du 2, rue de l'Élysée, à se faire connaître. C'est elle qui, avec Danielle Mitterrand, crée la crèche de l'Élysée. Elle aussi qui, petit à petit, se met à inonder le président de notes. Une page par jour, sur tous les sujets : quinquennat, citoyenneté, rééquilibrage des pouvoirs... Certaines sont immédiatement enterrées, comme celle qui conseille au chef de l'État de tenir le premier sommet des pays industrialisés au Creusot, dans une usine désaffectée, pour le symbole. Le président préfère les fastes de Versailles. Lorsqu'elle lui conseille de « *remplacer le projet de l'Opéra Bastille par des grands travaux en banlieue* », Mitterrand entre dans une colère noire. « *L'exercice du pouvoir suppose de ne pas flotter, une fois les directions arrêtées* », lance-t-il glacial quelques jours plus tard, alors qu'il remet des décorations dans la salle des fêtes de l'Élysée.

D'elle, il ne sait que deux ou trois choses. À la veille de son élection, il se souvient que la jeune énarque a planché sur une rencontre du candidat avec six cents femmes : sur de petites fiches, se trouvaient toutes les réponses à toutes les questions que pouvait poser ce parterre féminin. « *Comment savez-vous tout cela ?* » a demandé alors Mitterrand. Trop belle occasion de lui raconter sa vie de quatrième d'une famille de huit enfants dont les parents votaient Tixier-Vignancour, et de faire savoir à ce président provincial et venu au socialisme sur le tard d'où elle vient elle-même. Fidèle à sa manière, le président n'oublie pas d'offrir aux trois premiers enfants de sa conseil-lère une timbale frappée du chêne et de l'olivier – l'emblème présidentiel choisi en 1981 – doublée d'une petite lettre. Ni de dédicacer son ouvrage, *Politique étrangère*, à leur mère.

C'est en 1988 qu'il commence pourtant à l'observer de plus près. Ce samedi 21 mai, le président est réélu avec 54 % des voix. Le bon score fait regretter à la conseillère de ne pas s'être présentée à la députation. Elle glisse au président qui lui serre la main, à l'occasion d'une cérémonie organisée dans les salons élyséens : « *Vous ne pouvez pas faire quelque chose pour moi ? — Vous voyez bien que c'est trop tard* », répond François Mitterrand, agacé. Quelques minutes plus tard, pourtant, il fait signe du doigt et glisse à Louis Mermaz : « *Vous voyez cette jeune femme ? Je crois qu'elle commence à s'ennuyer à l'Élysée. Il vous reste bien une circonscription ?* »

Les souhaits présidentiels sont des ordres. Le candidat de la 2e circonscription des Deux-Sèvres, Jean-Paul Jean, a emprunté 50 000 francs à sa famille ? Le PS fait comprendre au malheureux, d'un coup de téléphone, qu'il doit se contenter de la place de suppléant. Ségolène Royal n'a que quelques heures pour se présenter à Niort. Le rocardien Alain Richard lui prête les 1 000 francs de la caution et une voiture avec chauffeur pour gagner, avant minuit, la préfecture des Deux-Sèvres, dans le même petit tailleur blanc à fleurs qu'elle portait à la cérémonie, quelques heures plus tôt. « *J'imagine que la situation n'est pas simple pour toi, mais maintenant, il faut gagner* », explique-t-elle sans s'apitoyer à « Monsieur Jean ». Ses documents de campagne affichent en première page une photo du président et, pour signature, celle de « Génération Mitterrand ». On ne fait pas plus simple.

« *Vous allez vous faire battre, mais c'est comme ça qu'on commence* », lui a prédit Mitterrand. Miracle ! Cette circonscription rurale décrétée « *ingagnable* » et refusée par tant d'autres, elle la remporte le 12 juin avec 552 voix d'avance. « *Mes enfants et François Mitterrand, voilà où va ma pensée, à ce moment-là* », écrit-elle dans *La Vérité d'une femme*, le livre de souvenirs publié en 1996 chez Stock. François Mitterrand est épaté et, jamais en retard d'une malignité, s'extasie de ce succès devant Hollande, qui vient, lui aussi, de se faire élire député de Corrèze. « *Quel exploit ! Quel talent !* » Le compagnon attend en vain, sourire aux lèvres, le même compliment. Le président de la République se contente d'un petit cours de géopolitique électorale. « *Pour vous, c'était plus simple. Tulle est une ancienne ville communiste...* » Et, à Ségolène Royal : « *Vous devriez vous installer à Angoulême...* »

De son nouveau fief, la députée fraîchement élue guette tous les déplacements présidentiels pour mieux s'y greffer, y compris lorsqu'elle n'est pas comprise dans le protocole. Elle veut figurer sur la photo. Un jour, elle saute dans une barque, pourtant déjà bien chargée. Un autre, alors que le président vient planter un arbre de la liberté à Saint-Gaudent, dans la Vienne, elle s'invite à nouveau. De l'hélicoptère, Édith Cresson aperçoit la députée des Deux-Sèvres. « *Encore là ?* » s'étonne-t-elle. « *Elle n'est qu'à quelques kilomètres de sa circonscription...* », l'excuse François Mitterrand goguenard.

Mais son vrai jour de gloire, c'est le 4 février 1992. Le président est venu à Arçais poser le premier pieu du chantier de rénovation de l'embarcadère, prélude à une rénovation du Marais poitevin pour laquelle on vient de débloquer 52 millions de francs. En réalité, il s'est amouraché du coin bien avant elle. Il se rendait incognito chez Robert Fouladoux, un militant socialiste qui l'a initié au labyrinthe des canaux qui ondoient entre la Vendée et l'Aunis, après une visite du château où était née Éléonore d'Olbreuse, par laquelle le président se disait cousin éloigné de la reine d'Angleterre. À la mairie d'Arçais, le Charentais vante les « *rousseurs de l'automne* », les « *mystérieuses lentilles d'eau* ». Le soir, le président doit s'expliquer à la télévision sur l'affaire Habache, un terroriste qui a été hospitalisé puis libéré dans des conditions qui font scandale. Ce jour-là, celui qu'on surnomme désormais « Tonton » lance dans un discours, sans qu'on y prenne garde, le petit nom familier qui colle désormais à la candidate à l'élection de 2007 : « *Ségolène – c'est comme ça qu'on l'appelle...* »

« Ségolène », donc, obtient le label « *grands travaux* » pour sa Venise verte, « Ségolène » fait détourner l'autoroute Nantes-Niort pour protéger son Marais, « Ségolène » fait classer le chabichou en AOC… L'appellation s'est faite avec l'appui de la région, alors de droite, mais c'est elle qui pose, en châle crocheté et coiffe à dentelle, à la garden-party de l'Élysée, le panier plein de fromages de chèvre. Jean-Pierre Raffarin finit par s'en agacer devant le président, auquel il rend visite tous les ans. « *Je sais qu'elle peut se déguiser en gardienne de chèvres et qu'elle ne manque pas d'audace, mais quand même… — Entendez-vous avec elle ! Vous n'êtes pas sur le même terrain…* »

Quand, en 1992, les Verts et Génération Écologie obtiennent près de 13 % des voix aux régionales, François Mitterrand se convainc, au vu des études réalisées à l'époque par Laurence Parisot, P-DG de l'Ifop, que « Ségolène » est celle qu'il faut au ministère de l'Environnement. Las ! L'expérience ne va pas durer longtemps. Comme Frédérique Bredin et quelques autres, la députée des Deux-Sèvres anticipe très tôt la défaite des élections législatives. « *Les Français ne veulent plus de nous* », lâche-t-elle devant Pierre Bérégovoy, un mardi matin de janvier 1993. « *Le septennat de trop,* ajoute-t-elle devant ses proches, *le franc fort n'est pas un projet politique.* » Elle pense déjà à l'avenir. « *Moi je fais partie de la nouvelle génération et je considère que ce n'est pas un drame, l'alternance* », lance-t-elle à Nicolas Sarkozy sur les plateaux de télévision qu'elle occupe presque seule, ce 21 mars, et où jamais elle ne s'interroge sur les raisons de ce coup de semonce au chef de l'État.

Le droit d'inventaire convoqué par Lionel Jospin ? Très peu pour elle, merci. Mitterrand reste sa référence. Rien n'a jamais ébranlé sa fascination, ni les affaires qui salissent le second septennat ni, plus tard, la révélation des écoutes téléphoniques faites par l'Élysée. Elle s'élève aussi contre tous ceux qui émettent une critique ou un doute. Après les révélations sur le passé vichyste du chef de l'État par Pierre Péan dans *Une jeunesse française*, en 1994, alors que quelques députés, comme Manuel Valls, s'insurgent contre les amis de longue date du vieux président qui excusent son amitié intacte pour René Bousquet – le responsable français de l'arrestation des juifs pendant la guerre –, elle condamne sans états d'âme la fronde du jeune élu.

Dix ans après la mort du vieux président, alors qu'elle entame sa propre campagne, elle a rappelé Jean-Louis Bianco, le mutique secrétaire général de l'Élysée pendant plus d'une décennie, celui qui a gardé pour lui le secret des écoutes téléphonique pratiquées par l'ancien président, à la tête de son équipe. Elle fait aussi de l'implacable Dominique Bertinotti, qui a toujours protégé les archives mitterrandiennes de la curiosité des journalistes et des historiens, sa mandataire financière. Dans son livre de campagne, *Maintenant* – version ségolienne du *Ici et maintenant* mitterrandien –, à quelques semaines de l'élection, elle écrit : « *On me dit parfois que je fais pareil. C'est possible.* » Prudente, elle n'a pas osé écrire : « *C'est vrai.* »

9

Sourire

Elle déteste cette photo. Si elle avait une âme de professionnelle, elle aurait compris que c'est pourtant l'une des plus belles images des coulisses de sa campagne. Mais la publication du cliché à la une du *Journal du dimanche*, au lendemain de son investiture au Parti socialiste, l'a agacée. Jean-Luc Luyssen, photo-reporter de l'agence Gamma, n'a pourtant pas « volé » le cliché sacrilège. Au contraire. Ségolène Royal lui a ouvert la porte de sa petite maison de Melle, dans sa circonscription des Deux-Sèvres, où elle fêtait sa victoire, le soir du 16 novembre 2006. L'atmosphère était à la gaieté, au soulagement aussi, après la campagne interne menée victorieusement contre les éléphants du PS. Le photographe a opéré tout en douceur et en subtilité.

Sur le cliché, on la voit assise sur un canapé, détendue, un sourire plus doux qu'à l'habitude, la beauté un peu lasse et plus touchante. Presque abandonnée. À ses côtés, affalé comme un gros chat repu[1], Julien Dray, qui l'a conseillée pendant toute cette campagne interne. Devant eux, sur une table basse, deux coupes de champagne à moitié vides, des assiettes contenant des reliefs de gâteaux. C'est une image parfaite. Dans la tradition de ces photos politiques à l'américaine où l'on croit approcher la réalité du pouvoir sans artifice.

Ségolène Royal devrait aimer cette proximité et cette sincérité souvent revendiquées. Elle en est contrariée. Julien Dray, lui, est atterré. Voici quelques années que Dray se trouve toujours laid, sur les photos. Il a longtemps figuré dans la catégorie des jeunes trublions du PS. Il déteste se voir vieillir. Il a tout de suite deviné les sourires des copains, en le découvrant sur ce canapé aux côtés de la belle : « *Voilà la star et son manager.* » Dans les troupes de Strauss-Kahn et Fabius, sonnées par leur défaite, on a suggéré : « *C'est la créature et son parrain.* » Mais enfin, Ségolène, elle, est charmante. Pourquoi est-elle si fâchée ?

« *Trop négligé* », a-t-elle tranché avec un haut-le-cœur en découvrant le journal. Elle juge sa pose trop négligée. Elle n'aime pas les coupes de champagne au premier plan. Ségolène Royal n'a jamais voulu paraître jouir du pouvoir. Déjà, lorsqu'elle partait avec la nomenklatura du PS mener campagne pour les régionales de 2004, puis le référendum européen de 2005, elle refusait avec énergie qu'on la photographie, comme les autres, dans un

---

1. Ce terme est considéré comme injurieux par Julien Dray et fait l'objet d'une procédure en cours devant le Tribunal de Grande Instance de Paris.

avion privé. Aucune image ne l'immortalise devant sa maison de Mougins. On la verra rarement dans une berline avec chauffeur. Pendant sa campagne, elle refuse qu'on la photographie devant la maison de son enfance, pourtant modeste, à Dakar, « *ou alors, prenez seulement le rez-de-chaussée, sinon on croira que nous occupions tout le bâtiment* », dit-elle.

Ses plus proches amis ont pourtant compris qu'il y a dans cette photo autre chose qui la gêne. Elle n'est pas prête à apparaître, un soir de victoire, dans un duo improvisé avec un autre que François Hollande. Elle connaît les rumeurs qui circulent sur son couple. Elle sait que tout le PS a remarqué que ce soir de liesse, le premier secrétaire est resté dans sa circonscription de Corrèze plutôt que de la rejoindre. Elle n'a pas commenté. Mais certains des amis de François, qui commencent à trouver Julien Dray étouffant, ont murmuré : « *Ça y est ! Il se croit chez lui !* »

Le dimanche, lorsqu'il aperçoit le cliché, le conseiller politique de la candidate lance d'ailleurs, faussement goguenard : « *J'ai une femme, moi ! C'est une photo qui fait croire à un couple, pas une photo sur la victoire de Ségolène !* » Tout le monde comprend qu'il exprime tout haut ce que la désormais candidate pense sans doute tout bas. Elle téléphone à l'agence Gamma. La série de clichés a été réservée par *Paris-Match* ? Peu importe. « *Il n'est pas question que ces photos reparaissent !* » exige la candidate fraîchement investie. Par crainte de perdre toutes les exclusivités à venir,

Gamma s'exécute. Les photos sont bloquées. Royal respire.

Depuis des mois qu'elle s'est lancée dans la bataille présidentielle, elle craint partout, sans cesse, d'être « *piégée* ». Elle a déjà détesté qu'on la surprenne, l'été 2006, en maillot de bain, et que la photo, achetée moins de 10 000 euros, s'étale dans les magazines people. « *Trop vulgaire* », « *peu digne d'une candidate* », a-t-elle jugé. Elle n'a pas tort. Depuis qu'elle est vraiment lancée, les « rats » – comme on surnomme dans le métier les paparazzi – ont surgi dans son sillage. Un, puis deux, puis une demi-douzaine, vestes à poches plaquées et téléobjectifs en bandoulière, ils la guettent lorsqu'elle descend de voiture, lorsqu'elle croise les jambes, lorsqu'elle baisse la garde. Ségolène Royal a seulement remarqué, au départ, leurs flashs aveuglants. Maintenant, elle sait : la presse « trash » la guette.

C'est une chose nouvelle en politique. Jusque-là, les magazines « shootaient » les stars. Avec cette génération montante qui s'est hissée au faîte du pouvoir, les choses sont devenues plus intéressantes. Les barrières entre vie publique et vie privée sont moins étanches. L'arrivée d'une femme dans le cercle étroit des présidentiables change la donne. Elle est belle. Les magazines parlent de « *glamour* ». Son duo avec François Hollande est un objet étrange qui laisse tout imaginer. On leur demande d'étonner. Alors les photographes cherchent à surprendre une jupe qui se relève, un moment d'abandon.

« Croyez-vous que je puisse devenir la cible des paparazzi ? » a-t-elle demandé aux photographes des grandes agences photo qui la suivent lorsqu'elle a commencé à repérer ce manège. La réponse a été claire : « *Plus on approche de la présidentielle, plus ces photos ont de la valeur.* » Elle n'y avait pas réfléchi jusqu'à ce moment de sa vie. « *Je n'aime pas tous ces photographes avec leurs téléobjectifs comme des phallus agressifs* », lâche-t-elle avant de s'avancer et de monter sur scène.

Les photographes, qui devinent l'étrange situation du couple qu'elle forme avec Hollande, ne comprennent toujours pas ce qui est autorisé ou non. Elle a détesté un cliché publié dans *Paris-Match* où on la voit, altière, à la barre d'un bateau, reléguant au second plan un François Hollande effacé. Elle n'aime pas beaucoup cette image qui paraît ôter à son compagnon tout signe d'autorité. Elle sait trop bien que la France est restée attachée à une représentation traditionnelle du couple. Le plus sûr est alors d'éviter les images en duo.

En déplacement à Porto, le 8 décembre 2006, pour le congrès de l'Internationale socialiste, tous les photographes repèrent ainsi le manège. François Hollande et Ségolène Royal descendent par l'arrière de l'avion, pour monter immédiatement dans une petite voiture de piste afin de faire les cent mètres qui les séparent de l'aérodrome. Pendant les deux jours de congrès, les agents de sécurité se placeront chaque fois dans le champ dès que le couple marche côte à côte afin d'empêcher la photo du duo cheminant dans la même direction. Lors de l'inauguration du QG de campagne du PS, le 22 janvier, ils ont l'obligation d'être ensemble, mais ils ne font aucun geste l'un envers l'autre, afin de ne pas servir les photographes avides de la montrer en couple dans son ascension vers le pouvoir.

Elle s'oblige désormais à contrôler ses mots, son allure, son visage. Elle a subi, à l'été 2005, une intervention chirurgicale pour réaligner ses dents, remodeler son menton et son sourire[1]. Évidemment, dans les rangs socialistes, chacun s'est souvenu que François Mitterrand, en son temps, s'était fait limer les incisives pour offrir aux Français une mâchoire moins carnassière. Mais maintenant que son sourire éclatant s'affiche sur toutes les unes de magazines, ses adversaires commencent à saisir qu'elle n'a pas seulement accepté de souffrir pour être belle.

Elle sourit. Partout. Tout le temps ou presque. Pour entraîner les foules. Pour sembler voler vers la victoire malgré l'adversité. Ce sourire est sa marque, sa force et son rempart. Lorsqu'au « 2-8-2 », boulevard Saint-Germain, elle visionne ses interventions télévisées où elle apparaît rayonnante, elle sourit encore de se voir sourire. L'écrivain Philippe Muray, aujourd'hui décédé, l'a remarqué dès 2004, lors de sa victoire aux régionales. Il lui inspire un texte ironique et profond, *Le Sourire à visage humain* : *« C'est un spectacle de science-fiction que de le voir flotter en triomphe, les soirs*

1. Ces propos sont contestés par Ségolène Royal et ont donné lieu à une procédure engagée par elle devant le Tribunal de Grande Instance de Paris pour atteinte à sa vie privée.

électoraux, chaque fois que la gauche, par la grâce des bien-votants, se trouve rétablie dans sa légitimité transcendantale. […] C'est un sourire tutélaire et symbiotique. Un sourire en forme de giron. C'est le sourire de toutes les mères et la Mère de tous les sourires. »

Depuis deux ans, Ségolène a rajeuni et embelli. Elle alternait auparavant un style un peu daté – jupe aux mollets et grosses lunettes – ou au contraire des audaces mal maîtrisées : c'est en robe léopard qu'elle avait lancé sa phrase choc contre la primaire du PS en 1995. Candidate, elle s'est affranchie de cette allure obligée – tailleur-pantalon et escarpins – que s'infligent les femmes politiques qui accèdent aux responsabilités. La longueur de ses tailleurs a raccourci de plusieurs centimètres. Elle les choisit chic, comme des panoplies clés en main d'*executive woman* et bourgeoise moderne, dans les boutiques de prêt-à-porter Paule Ka ou Irène Van Ryb. Surtout pas de haute couture, socialisme oblige. Beaucoup de blanc pour dire le renouveau et la pureté. Plus de lunettes. Une coupe au carré, raie floutée en zigzag, qui la rajeunit. Lorsqu'elle court la campagne, elle insiste sur son maquillage, comme si elle vivait, au fond, dans un studio de télévision.

Bien sûr, elle fait dire aux magazines féminins qu'elle n'a ni maquilleur ni coiffeur, que seul son chef de cabinet Benoît Pichard porte une petite sacoche rouge dans laquelle elle trouve le nécessaire pour effectuer un « raccord ». À Melle, le soir de son élection, elle a laissé filtrer qu'elle était allée chez la coiffeuse du village pour un brushing. En réalité, elle a peu à peu organisé autour d'elle un ballet discret de professionnels, comme ce coiffeur du salon Bleu de Bleu qui ne la quitte guère. Si l'organisation de la campagne est souvent chaotique, la gestion du look de la candidate ne souffre pas de ratés.

Pour les femmes de pouvoir, la pression est constante et la marge de manœuvre étroite. Il ne faut se montrer ni aguicheuse, ni vieillotte, ni trop branchée. Sur le plan pratique, les choses ne sont pas aisées. Ségolène Royal ose de petits talons et se retrouve toujours à la merci d'un dérapage en grimpant à la tribune. Les hommes changent de chemise, derrière les rideaux des coulisses après un meeting. Elle a besoin d'une loge. Elle est entourée d'hommes. Elle doit éviter tout signe de séduction, toute ambiguïté. Les simples images d'elle aux côtés d'un Arnaud Montebourg radieux, en août 2006, ont donné lieu à toutes les rumeurs. On lui prête des amants aussi folkloriques qu'improbables. On guette les signes de fatigue sur son visage.

Pour ses meetings, elle contrôle tout, les vidéos qui défilent sur le fond de la scène, les musiques, les lumières. Elle ne délègue rien. Rien ne se décide sans elle. À la tribune, elle n'aime pas parler derrière un pupitre et ses conseillers s'arrachent les cheveux. Elle veut marcher sur la scène, un micro à la main, en tenant les feuillets de son discours. Une hérésie, assurent les professionnels de la communication. Une fois sur deux, elle cède et se tient derrière sur la tribune. Une fois sur deux, elle exige de revenir à son micro baladeur. « *C'est bien une fille* », dit gentiment Patrick Mennucci qui règle tant bien que mal ses scénographies.

Pour les images des coulisses de sa campagne, elle contrôle encore. Elle n'a pas toujours tort. Elle a ainsi remarqué que les journaux répugnent à acheter des photos de son équipe ou d'elle avec eux. La presse la veut seule, en portrait glamour et sexy, ou grave et habitée par son possible destin. Jamais au travail. Elle impose donc aux journaux des séances photos dans son QG, lors de réunions, en fonction des moments. C'est d'ailleurs presque touchant de la voir exprimer de façon si directe aux photographes sa vision utilitariste : « *Maintenant, dans cette séquence, il faudrait que vous me photographiez seule. Là, avec mon équipe. Maintenant avec Jean-Pierre Chevènement.* » Lorsqu'ils sont autorisés à pénétrer au 282 du boulevard Saint-Germain, elle pousse les photographes vers l'équipe de jeunes Webmasters ou fait convoquer... les femmes. Mais jamais elle ne propose que l'on saisisse les réunions qu'elle tient avec ses amis les sondeurs ou avec la publicitaire Natalie Rastoin.

Ses images préférées ? Une des photos, exhumée par *Le Monde*, de l'enterrement de François Mitterrand à Jarnac. Elle tient alors son fils Thomas par la main, et, derrière eux, se profile la haie noire de gardes de la protection présidentielle en habit. On croirait qu'ils sont là pour elle. Elle aime aussi ce cliché où l'on aperçoit un aréopage d'éléphants du PS et de conseillers en costume sombre, la mine grave, le visage tendu vers une porte qui s'ouvre dans le fond, dans une des salles de la rue de Solférino. C'est par là que Ségolène Royal vient d'entrer et c'est elle qu'ils regardent tous. Assis pendant qu'elle se tient debout. Belle, souriant avec presque une pointe d'ironie, face à cette assemblée d'hommes qui patientent. La chef. « *Pas mal, non ?* juge-t-elle en distinguant la photo. *Cela fait assez... présidentiel.* »

10

Le coup de sondage permanent

« *Faut-il revenir maintenant sur le chômage ?* » « *Comment passent mes propos sur l'identité nationale ?* » « *Sur quels thèmes recentrer la campagne ?* » D'abord un peu surpris, les sondeurs qui travaillent pour Ségolène Royal ont fini par prendre l'habitude de ses textos quotidiens. Ses amis et ses collaborateurs la voient débarquer, à toute heure, un paquet de « qualis » à la main. Un soir, cela se passe chez ses amis Nicole Lapierre et Edwy Plenel, qui reçoivent aussi à dîner, ce jour-là, l'avocat Jean-Pierre Mignard et le mathématicien Michel Broué et sa compagne. Un autre jour, c'est avec Sophie Bouchet-Petersen et François Rebsamen qu'elle s'enferme dans son bureau pour en partager les enseignements avec parcimonie.

En quelques années, les « qualis », ces enquêtes qualitatives menées à partir d'entretiens individuels ou collectifs approfondis selon des techniques projectives, sont devenus la drogue et l'astrolabe des dirigeants politiques. Dans un journal, dans un parti, celui qui les commande ou qui les détient dispose de données précieuses sur l'état de l'opinion et sur ses attentes. Une arme de pouvoir déterminante pour étayer un point de vue, valider une intuition... Ségolène échappe moins que quiconque à cette fascination.

Au « 2-8-2 », la bataille d'influence au sein de son équipe se joue donc d'abord sur ce terrain-là. De Julien Dray à Natalie Rastoin, chacun veut apporter à la candidate des études, recommander des instituts, bref chercher tout ce qui pourrait valider des intuitions et bâtir une stratégie. Avec Ségolène, ils se savent en terrain favorable.

Depuis qu'elle est entrée en politique, elle s'est en effet toujours montrée une lectrice assidue des sondages. Elle en a découvert l'utilité en 1983 à l'Élysée, lorsque jeune conseillère de François Mitterrand, elle retrouvait chaque mercredi Charles Salzmann, devenu expert ès opinions depuis que, le soir du premier tour de l'élection de 1965, il avait été le premier à annoncer la mise en ballottage du général de Gaulle. Salzmann faisait partie de cette génération qui a découvert dans les années 1970 qu'« *une élection est d'abord sociologique avant d'être politique* ». Depuis, Ségolène goûte les notes annuelles de la Sofres, avale les publications de l'Institut national d'études démographiques (Ined), dévore les études du Centre d'études de la vie politique française (Cevipof).

Au début de 2006, l'horizon de l'élection présidentielle a commencé à agiter tous ceux qui, à Paris, vivent des enquêtes d'opinion. La plupart d'entre eux tournoient déjà autour de François Hollande, longtemps seul à contrôler, à la tête du

PS, le budget servant à commander études quantitatives et qualitatives. Hollande n'est pas lui-même un fanatique des enquêtes d'opinion. Il surveille, bien sûr, les aléas de sa cote de popularité, mais pour le reste, il ne s'arrête jamais longtemps sur les sondages. Comme le directeur de son cabinet, Stéphane Le Foll, il juge que, au final, « *tout cela n'est pas toujours très utile* ». Et incline bien plus, par goût autant que par formation, aux débats politiques.

Hollande n'a donc pas vraiment prêté attention aux sondeurs qui se pressaient autour de sa compagne. En janvier 2006, le PS a pourtant commandé, dans la perspective de l'élaboration de son projet, une série d'enquêtes qualitatives à la Sofres sur les préoccupations des Français. L'analyse en est dressée devant le premier secrétaire, qui a convié Ségolène pour la séance. On croirait l'enquête faite pour elle !

Les conclusions de la Sofres retiennent en effet une immense soif de participation des citoyens aux décisions, un besoin de renouveau des élites, une défiance majeure à l'égard des responsables en place et un scepticisme croissant envers la prétendue compétence de la classe dirigeante. Mais il y a plus nouveau encore. Les consultants de la Sofres sont obligés d'expliquer au numéro un du PS que, en France, le vieux style masculin centré sur l'autorité ne passe plus.

Le directeur des études politiques, Brice Teinturier, a apporté dans sa sacoche une autre synthèse intéressante. En 1995, il avait réalisé une série d'enquêtes auprès de groupes exclusivement masculins sur « les femmes en politique ». Résultats désolants : les femmes étaient irrémédiablement disqualifiées aux yeux des hommes car associées à quatre représentations symboliques principales. La « putain », d'abord, celle qui a couché avec un homme pour réussir. La « mauvaise mère », ensuite, qui renonce aux enfants pour sa carrière. La « marâtre », qui a abandonné tous les attributs de la féminité pour ressembler à un homme, comme Margaret Thatcher. Et, enfin, la « naïve » égarée en politique.

Il vient de renouveler l'étude, dix ans plus tard. Et noté l'apparition d'une exception : Royal est l'une des rares femmes politiques à échapper à ces quatre caricatures. Elle n'est ni « putain » : le grand public connaît le couple qu'elle forme avec François Hollande. Ni « mauvaise mère » : elle élève quatre enfants. Elle est belle et féminine. Elle possède l'expérience politique d'une ancienne ministre et d'une présidente de région. Une sorte d'idéal féminin dans le champ politique en somme.

Natalie Rastoin, de son côté, cherche depuis plusieurs mois comment transformer ses intuitions et sa connaissance du marketing en stratégie politique. En novembre 2005, elle a suivi avec attention la présentation, par Jean-Marc Lech, le patron d'Ipsos, d'une étude prospective autofinancée par l'Institut et intitulée « France 2006. Société sans mercis ». Elle y a déniché la traduction politique de ce qu'elle devine. Comme la Sofres, Ipsos a noté la disqualification de l'autorité et de la compétence des dirigeants. Mais l'institut distingue deux attitudes entre lesquelles les Français pourraient naviguer : en premier lieu, une attente et une « *volonté de restauration* » de l'effort et de l'autorité ; la seconde est définie par Ipsos comme « *la stratégie de l'inverse* ».

Plus lisible, la première thématique paraît préemptée depuis des mois, voire des années, par Nicolas Sarkozy ; c'est donc la seconde qui retient l'attention de Natalie Rastoin. Puisque les experts et les institutions ont échoué, les Français pourraient se montrer séduits par tout ce qui incarne le contraire de l'ordre établi. Déjà, la marque Dove vient de se tailler un immense succès en proposant, sur les affiches vantant ses produits de beauté, l'inverse des images habituelles : des femmes âgées, ridées, enrobées, plutôt que les traditionnelles top models de vingt ans, anorexiques et surexposées. En politique, souligne Jean-Marc Lech, la tendance est la même : une part importante des Français, exaspérée par l'impuissance supposée des dirigeants, s'imagine aisément tenter l'expérience avec une femme plutôt qu'un homme, un individu hors des structures plutôt qu'un dirigeant de parti. Autant dire que, pour la directrice générale d'Ogilvy France, l'étude appuie la stratégie qui pourrait parfaitement s'incarner dans la candidature de Ségolène Royal.

De son côté, Julien Dray est allé rechercher Alain Mergier, le sémiologue qui avait passionné Ségolène avec son étude sur les mécanismes du « non » lors du référendum européen. Ils ont travaillé ensemble à la région Ile-de-France. Depuis qu'il a monté sa propre société d'études, Alain Mergier cherche des clients. Et a bien saisi que la gauche est en déshérence. Sans commande particulière, le psychosociologue s'est donc mis à travailler sur ces milieux populaires qui avaient tant manqué à Lionel Jospin. Mais pour mieux convaincre ses futurs clients, il s'étend longuement, devant Dray et Royal, sur l'évitement – voire la répulsion – que le « peuple » inspire à la gauche.

« *Le peuple est devenu sale,* résume-t-il sans ambages. *Depuis que le Parti communiste ne le quadrille plus, il est même devenu innommable. Pour Jospin, le peuple de gauche, c'était le peuple rurbain. Les socialistes ont opéré un refoulement au sens freudien du terme. Leur existence est niée, leur expérience n'est pas considérée. Les milieux populaires se sentent destitués comme sujets économiques et comme sujets politiques. La seule institution politique populaire, au fond, c'est Le Pen, dernier lien avec ces milieux. Et le vote non à la constitution.* » La reconquête des ouvriers qui ont déserté pour le Front national ! Le rêve de Dray, élu de banlieue et cofondateur de SOS Racisme, qui ne cesse de répéter qu'il faut reconquérir le « petit Blanc »…

C'est stimulée par ces constats, éclairée et guidée par ces études, que Ségolène Royal a bâti sa stratégie et son plan de bataille pour l'investiture socialiste, puis l'élection présidentielle. Sur un marché très encombré, un produit émergent doit savoir écouter le consommateur, faire lever un « plus produit » et soigner son packaging. Cette différence, elle n'a cessé de la souligner face à ses deux rivaux, Dominique Strauss-Kahn et Laurent Fabius : « *La différence, je crois qu'elle se voit* », a-t-elle souri magnifiquement lors du dernier débat organisé entre les trois prétendants à l'investiture de son parti. Pourquoi incarne-t-elle une rupture ? Julien Dray a trouvé la formule : « *Elle est une gazelle parmi les éléphants* » et court plus vite vers l'avenir que les pachydermes. Comment peut-elle incarner la gauche ? Elle seule promet de réconcilier les « non » et les « oui » du référendum européen et de reconquérir les catégories populaires. Les socialistes, encore traumatisés par la désertion des ouvriers et employés qui, en 2002, ont dû choisir entre Chirac et Le Pen, écoutent avec ravissement ce nouveau credo.

Maintenant qu'elle est investie, Julien Dray insiste : « *Il faut essayer de donner à manger à tous les sondeurs. Ce sont eux qui orientent les analyses politiques des journaux.* » Mais ils sont une dizaine d'instituts, et les dépenses de campagne sont désormais contrôlées. La compétition s'annonce donc serrée. Jean-Marc Lech, écarté par Claude Chirac de l'Élysée parce qu'il parlait trop volontiers aux journalistes, a vite fait l'état des lieux à gauche.

Il a notamment repéré autour de la candidate socialiste le « Monsieur sondages » du PS, Gérard Le Gall. Pendant la primaire socialiste, Ségolène l'a affiché comme une prise de guerre, parce qu'il a été l'un des premiers jospinistes à la rallier. Le Gall est agaçant, mais il est écouté. C'est lui qui a alerté – en vain – les dirigeants du PS, quelques jours avant le 21 avril 2002, de la progression dangereuse de Le Pen.

C'est lui aussi qui a dû annoncer à « Lionel » sa disqualification pour le second tour de la présidentielle. Il y a perdu un ami : on aime rarement revoir l'oracle des mauvaises nouvelles. Il y a gagné Ségolène. Mais Le Gall, qui connaît tous les patrons d'instituts comme s'il les avait faits, marque depuis longtemps une préférence pour la Sofres. Insupportable pour les sondeurs concurrents. Ségolène Royal le comprend qui, désormais, le cantonne à la collecte et à l'analyse des intentions de vote. Et laisse Lech faire entrer, grâce à Natalie Rastoin, Ipsos dans la place.

De son côté, Dray a recommandé CSA, parce que l'institut travaille en cheville avec *Le Parisien*, très populaire et très prescripteur, qui lui commande force sondages d'intentions de vote. Dray connaît aussi le directeur de son département d'études politiques, Stéphane Rozès, avec lequel il a partagé naguère le même engagement au sein de la Ligue communiste révolutionnaire. Dray croit sans doute que cela créera une confiance. Claire Bernard, une militante socialiste venue de la FNSP et installée au « 2-8-2 », est chargée de la commande et de la synthèse des études et des « qualis ».

Au « 2-8-2 », les augures de ces experts en opinion déterminent, de façon plus ou moins subliminale, l'humeur générale et les conversations. Mergier se rend au QG deux ou trois fois par semaine. CSA y envoie l'un de ses chargés d'études et, au gré des rapports tumultueux entre Rozès et Dray, le patron de l'institut, Roland Cayrol communique directement avec Ségolène Royal. Jean-Marc Lech, le coprésident d'Ipsos, a choisi pour sa part de ne jamais mettre les pieds au siège de la campagne afin de ne pas placer en difficulté son entreprise : Ipsos et son directeur général, Pierre Giacometti, ont décroché l'énorme marché des sondages de la campagne de Nicolas Sarkozy et de l'UMP. Mais il y a dépêché l'un de ses représentants qui, au « 2-8-2 », devient une sorte de discret envoyé spécial permanent…

Une extraordinaire aventure commence où chacun d'entre eux influence la campagne au gré de la conjoncture et au fil des rapports de forces politiques et affectifs entre Natalie Rastoin, Julien Dray ou Sophie Bouchet-Petersen qui assoient aussi leur influence sur Ségolène en présentant chaque jour un nouveau sondage, un nouveau « quali ». Chacun se règle sur les demandes et les inquiétudes de la candidate. « *Il faut gagner les élections d'abord, puis, à chaque instant, la société te dit ce que tu dois faire. Le projet, c'est la démarche* », répète souvent la candidate à ses proches, avec moins de cynisme que de franchise. Ségolène en campagne électorale, c'est une centrale de commandes d'études de marché pour flairer la demande de l'instant et y adapter la réponse.

Elle n'est pas la seule à user et abuser des sondages. Nicolas Sarkozy y dépense une part faramineuse du budget de son parti. Mais alors que le patron de l'UMP distribue les synthèses des instituts à ses cadres pour qu'ils s'en inspirent, alors qu'il organise un savant mélange entre les enquêtes qualitatives et les travaux des états généraux de son parti, Ségolène Royal, elle, centralise le savoir et évite, au fond, qu'il « infuse » ses troupes. En se détachant du PS, elle s'est coupée d'une grande part du travail accompli par les écuries de ses concurrents de la primaire. En s'engageant tard dans la bataille présidentielle, elle n'a pas eu le temps d'habituer les militants à ses idées nouvelles et iconoclastes. En ajustant sans cesse sa campagne, elle donne le sentiment à ceux qui l'écoutent d'improviser constamment.

Avant d'annoncer son programme à Villepinte, le 11 février, elle a commandé trois sondages qualitatifs sur les attentes des Français. Trois, c'est trop pour réussir à démêler la solution qui s'impose. Le premier secrétaire du PS en profite pour revenir à la charge. Il y a un projet socialiste, qu'elle s'en serve, que diable ! Et voilà la candidate qui se résout finalement à énoncer un catalogue de 100 propositions parmi lesquelles figure l'augmentation du Smic à 1 500 euros sur cinq ans. « *Une catastrophe* », contre-attaque aussitôt Alain Mergier en brandissant une étude : « *L'augmentation du Smic inquiète les ouvriers et employés qui, craignant déjà la mondialisation, redoutent que cette augmentation ne favorise la fuite des entreprises.* » CSA et Ipsos confirment la sentence : « *Les Français perçoivent Villepinte comme un retour à la vieille politique.* » Exit, donc, l'augmentation du Smic à 1 500 euros. « *Une idiotie irréalisable* », confie-t-elle quelques jours plus tard à un commensal.

Des débats participatifs qu'elle mène depuis qu'elle a pris la présidence de la région Poitou-Charentes en 2004, elle-même a retiré certaines intuitions. Elle a bien vu que les Français, y compris les sympathisants de la gauche, ont accompli le chemin que se refusent encore à parcourir les barons du socialisme. Ils veulent « *remettre les chômeurs au travail* », « *réinstaurer l'autorité à l'école* », « *rappeler à l'ordre les enfants qui dérapent* ». Mais elle cherche à valider tout cela de manière plus concrète. À se rassurer, en somme.

Alain Mergier va jouer ce rôle. Elle l'écoute expliquer que, pour gagner le prochain scrutin, la gauche devra reconquérir les « catégories populaires », concept clé dont il évacue, curieusement, l'immigré, cantonné le plus souvent dans un rôle de contre-modèle social auquel le « petit Blanc », de plus en plus déclassé, ne veut pas ressembler. Un actif sur deux et un électeur sur trois sont issus de ces milieux populaires, disent les statistiques de l'Insee. Ceux qui habitent dans des zones de concentration urbaine déshéritées, lui assure le sémiologue, ne veulent pas qu'on leur oppose sans cesse des statistiques sur l'insécurité, mais que l'on mette fin aux « *déviances* ». Dans la bouche de Ségolène Royal, le constat devient « *l'ordre juste* ». Il s'accompagne de « *l'aide aux parents pour recadrer les enfants* » et de « *l'encadrement militaire pour les jeunes délinquants* ».

Il apparaît aussi que l'assistanat est devenu une contre-valeur. « *C'est un processus de destitution des gens*, explique-t-il, *qui entraîne des abus, et les classes populaires détestent les tricheurs, qu'ils soient riches ou pauvres.* » Chaque fois qu'elle a été au pouvoir, la gauche française a hésité à rompre avec cette politique. Blair, en Grande-Bretagne, l'a fait radicalement. Entre ces deux voies, Ségolène en choisit une troisième. Les études de Wei institut insistent sur un point : chacun peut comprendre qu'il n'y a pas de devoirs sans droits ni de droits sans devoirs. Mieux, ce retour à la responsabilité des individus est désormais attendu. « *Inutile de prendre de gants sociaux* », assure Mergier. En somme, il est possible de revenir sur des acquis si chacun y trouve une compensation.

Adapté au discours de Ségolène Royal, cela donne un des plus célèbres gimmicks de la campagne électorale, qui squatte les vidéos moqueuses de l'UMP, mais amuse les cours de récré. « *Donnant donnant* », « *gagnant gagnant* »... La candidate excelle dans l'art d'habiller les prises de position inédites et les évolutions du discours, souvent inspirées par les sondages, de l'habit de la fraîcheur et de la sincérité. Comme dans les publicités proctériennes, Ségolène Royal martèle sa trouvaille. Beaucoup n'y voient qu'un nouveau concept de la fameuse « Ségolangue » qui se construit devant eux. Très rares sont ceux qui savent que c'est aussi le fruit d'une habile restitution. Sa manière à elle de mettre en mots ce qu'elle a retenu des discours des experts.

11

Le « 2-8-2 », cité interdite

Au troisième étage du 282, boulevard Saint-Germain, un gardien bedonnant – l'un des bénévoles du PS qui tournent vingt-quatre heures sur vingt-quatre – fait barrage de son corps à l'importun qui veut se risquer à pénétrer sans montrer patte blanche dans le quartier général de la campagne. Attention, secret. Privé. Rien à voir. Le « 2-8-2 », comme l'a vite baptisé l'équipe de la candidate, est un lieu qui se mérite. « *Son chez-elle* », a soupiré François Hollande.

Le lieu est décoré avec le soin apporté d'ordinaire aux appartements privés. On y trouve les blockbusters du design bobo exposés dans les vitrines toutes proches de Saint-Germain-des-Prés : les fauteuils Louis Ghost de Starck en plexiglas, des tables en wengé Mode et Nature ou en kapla, de grosses lampes à bras articulés Kartell… Ségolène Royal a confié cette belle scénographie à Nicole Masset, une galeriste d'Angoulême dont les réalisations ont séduit la présidente de la région Poitou-Charentes. Mot d'ordre : « *Féminiser l'espace.* »

Des gélatines fuchsia et orange collées aux vitres diffusent donc une ambiance « bisounours » – un « *climat coquelicot* », préfère la décoratrice. Quelques papillons égaient les moulures et les rechampis blancs soigneusement ordonnés autour d'une rotonde. L'endroit doit en effet ressembler à tout sauf à un siège de parti empesé et traditionnel. Et surtout pas à celui de la rue de Solférino qu'elle a si peu fréquenté et qu'elle déteste. Dès son investiture, la candidate a d'ailleurs demandé à la décoratrice charentaise de tenter de transformer l'image « *vieillotte et essoufflée* » du siège officiel de la campagne en créant sous une tente un plafond de 2 007 roses. Drôle de symbole que ces fleurs suspendues par leur tige, tête en bas, comme en berne, se sont alarmés tout bas quelques permanents.

Boulevard Saint-Germain, les numéros de téléphone sont gardés soigneusement cachés. De longues semaines, le « 2-8-2 » a refusé d'accueillir d'autres corps étrangers que les invités très privés de Ségolène Royal. Pas de journalistes, pas de militants. Étrange pour un siège de campagne ! Très vite, les surnoms ont surgi : le « panier garni », la « cité interdite ». Et une méchante rumeur : Ségolène Royal y a installé sa chambre et en a fait son « boudoir ». Il a donc fallu s'y résoudre : le « 2-8-2 » a fini par ouvrir ses portes à la presse pour des visites ponctuelles et très encadrées. Mais seuls les chauffeurs qui patientent sur le trottoir, trois étages plus bas, trahissent la qualité des hôtes qui découvrent le lieu secret avec un plaisir d'autant plus vif qu'ils le savent peu fréquenté. Rue de Solférino, on se réunit. Boulevard Saint-Germain, « Elle » reçoit.

Stratèges de la victoire en Poitou-Charentes, maîtres d'œuvre du hold-up de la campagne interne, les bataillons de Ségolène ont débarqué au « 2-8-2 » au lendemain du réveillon du Nouvel An, attisant les curiosités de la rue de Solférino et, il faut bien le dire, les jalousies. Pensez : « *Dans l'équipe, aucun, ou presque, n'est membre du Parti socialiste !* » « *Les amis de Thomas Hollande ont pris la place du MJS !* » « *Plusieurs n'ont jamais mis les pieds de leur vie dans un meeting !* » Eux s'en fichent. Ils ont l'assurance superbe du David qui a vaincu Goliath. Quand François Hollande rejoint leur QG pour quelques réunions, il doit trouver sa place entre leurs chaises et leurs tabourets. Et le premier secrétaire, qui depuis dix ans ouvre toujours les bureaux nationaux, bout parfois qu'on ne lui passe pas la parole : « *Je peux parler ?* »

La dizaine de mousquetaires de la Netscouade, l'équipe-phare de la campagne ségoliste, investit immédiatement le back-room. Les Webmasters de la Ségosphère – présence de Thomas Hollande oblige – s'approprient eux aussi un bureau. Ceux-là, Ségolène les adore. Quand ils l'accompagnent dans le « Ségotour », elle s'enquiert : « *Ils sont là ? Ils suivent ? Ils savent où dormir ?* » Lorsqu'elle s'arrête pour déjeuner avec son équipe dans un bon restaurant, elle réserve une seconde table pour eux. Au « 2-8-2 », ils n'ont jamais été délogés de leurs bureaux. Car – est-ce déjà un présage ? – la présidente de région a vu trop petit pour sa campagne, et, très vite, on se retrouve à deux ou à trois pour une seule table.

Suivent les fondateurs de Désirs d'avenir, qui se dévouent corps et âme et essuient sans broncher ses colères froides. Comme Sophie Bouchet-Petersen, fidèle depuis l'Élysée, dont on ne compte plus les nuits passées sur les poufs de la salle de repos, à force d'écrire et de réécrire les livres de la candidate. Le « 2-8-2 » est devenu sa seconde maison. C'est là qu'elle a appris, dans les derniers jours de février, que son appartement, le vrai, celui du Xe arrondissement de Paris, avait été cambriolé : par des textos d'amis, puis par France 2, dont les caméras avaient passé la porte de son habitation.

Tous les jours, Christophe Chantepy promène de bureau en bureau sa longue silhouette à barbiche et sa rationalité de conseiller d'État dans cette petite entreprise où la campagne s'improvise au quotidien. Jul, dans *Charlie Hebdo,* l'a croqué en Trotski, à cause de sa fine barbiche. Il est beaucoup moins sévère que cela. Chantepy est l'homme de confiance, celui auquel elle a délégué la stratégie de sa campagne, donc la présidence de Désirs d'avenir et du site Internet, celui qui valide les interviews de la candidate suroccupée : « *Tu feras bien attention à ce que j'ai dit.* »

Dans son petit monde, les organigrammes n'ont aucune importance. Officiellement, Jean-Louis Bianco et François Rebsamen sont codirecteurs de la campagne. Officieusement, le véritable patron, c'est Christophe Chantepy. L'un des rares à se permettre avec la nouvelle icône quelques libertés moqueuses. Il peut. Il a déjà été son directeur de cabinet, en 1997, lorsque Ségolène Royal était ministre. Quand, en 2000, fatigué de sa patronne, il lui a préféré Michel Sapin, elle a boudé quelques mois, mais, fait exceptionnel, lui a pardonné.

De Poitiers, on a fait aussi revenir Jean-Louis Fulachier, le directeur général des services de la région, Thierry Lajoie, le « Monsieur ressources humaines et logistique » de l'équipe, un ancien chef de cabinet de Fabius, revenu dans le jeu après un long exil et repéré dans un des groupes d'experts de la précampagne. Monique Saliou, une vieille copine en gauchisme de Sophie Bouchet-Petersen, agrégée d'histoire, normalienne, conseillère à la Cour des comptes, directrice adjointe de cabinet de Jean Glavany lorsque ce dernier était ministre de l'Agriculture, s'occupe du réseau européen de la candidate et de ses déplacements à l'étranger.

Pour une présidentielle, ça reste un peu maigre. Il faut aussi un chef de cabinet. Christophe Chantepy a pensé à une ancienne élève de l'ENA, Camille Putois. Cette jeune normalienne passée par la Nouvelle-Calédonie et la préfecture des Hautes-Alpes, dont elle était secrétaire générale, et où elle a côtoyé Jean-Louis Bianco, connaît bien la France – « les régions », dans la novlangue ségoléniste. Elle occupait en outre au ministère de l'Intérieur, où l'a recrutée Yannick Blanc, nommé depuis directeur de la police générale de la préfecture de police de Paris, un poste stratégique : celui du bureau des élections.

De la place Beauvau où règne alors Nicolas Sarkozy, elle a travaillé incognito – c'est plus prudent – pour Ségolène Royal. Pas en haranguant sous les préaux, pas en tractant sur les pas-de-porte, mais… en modérant les forums de Désirs d'avenir. De cette époque, Camille Putois a gardé un petit nom : « Céleste ». Celui de son adresse e-mail chez Google, puisque, sécurité oblige, toute l'équipe du site est domiciliée chez ce distributeur d'adresses qu'on leur a dit plus sûr, parce que américain.

Camille Putois possède, au fond, une autre qualité : elle n'est pas socialiste. « *Vous savez, Camille, qu'il existe de nouvelles cartes d'adhérents à 20 euros ?* » s'amuse un jour François Hollande. « *Ce n'est pas une question de moyens* », répond la jeune femme. Depuis, rue de Solférino, on la surnomme méchamment « Putois ». Comme « Céleste », les « petits nouveaux » ne sont pas « hollandais », ni tous socialistes, ni même « ouïstes » (comme ces électeurs qui ont voté « oui » au référendum sur la constitution européenne). Certains sont passés chez Laurent Fabius, comme Juliette Meadel, chargée de mission. D'autres ont milité chez les Verts, comme Aurélie Filippetti, jeune conseillère de Paris proche d'Yves Cochet, fatiguée des querelles impuissantes de son parti, de leur « nonisme », et des flirts dangereux que leur imposent parfois leurs critiques radicales de la politique israélienne.

Du coup, l'équipe doit tout à la candidate. Ségolène Royal leur interdit les états d'âme et, toute à la « starisation » de sa propre campagne, n'aime pas qu'ils se mettent en avant. Les organisateurs de débats politiques à la télévision tel Yves

Calvi l'apprennent à leurs dépens : hormis la présidentiable et quelques membres de son entourage comme Jean-Louis Bianco, dont elle ne craint ni dérapage ni excès d'appétit médiatique, qui aura eu l'occasion, durant cette campagne, de se faire remarquer sur les petits écrans ? *Le Canard enchaîné* a davantage fait pour la notoriété de Bruno Rebelle, l'ancien président de Greenpeace France, en révélant qu'il était fiché par les Renseignements généraux, que le plan média de la candidate, dont il disparaît dès que Nicolas Hulot ne représente plus un danger.

Le 7 mars, Najat Belkacem, jeune conseillère régionale « citoyenne » de la région Rhône-Alpes, tout juste promue porte-parole, prend le train de Dijon avec ses deux homologues, Arnaud Montebourg et Vincent Peillon. Elle a rejoint l'équipe en février, au moment où Rachida Dati, porte-parole de Nicolas Sarkozy, explose sur les écrans télé. Ségolène a longuement tergiversé, imposant à la jeune femme une forme de stage d'observation d'une semaine dans son QG. Najat Belkacem ne déteste pas la lumière : elle a ouvert un blog et tout Lyon sait qu'elle s'apprête à affronter Dominique Perben dans la 4e circonscription du Rhône, aux législatives de juin. En cette journée internationale des femmes, sa patronne, qui a appris qu'elle est l'invitée du Club-Europe 1, la prend entre quatre yeux : « *Je ne t'ai pas nommée porte-parole pour parler de toi. Tu t'exprimes sur mon temps de parole et chaque minute dans les médias doit être une minute utile. Il faut parler du pacte présidentiel. Est-ce que tu sais au moins quelles sont mes propositions pour les femmes ?* » Un ange est passé.

Hormis Patrick Mennucci, qui la reprend souvent d'un « *je ne suis pas ton fils !* », on ne répond pas à la candidate. On ne s'engueule pas non plus chez elle. Le « 2-8-2 » ressemble à ces entreprises américaines de la côte Ouest, où la frontière entre travail et vie privée a été abolie et où il est de mise d'afficher son bonheur d'être là. Privilège de la chef : elle seule a le droit de passer un savon, ce qu'elle n'hésite jamais à faire entre deux portes, devant un témoin, en réunion. À un collaborateur : « *Tu n'es pas sérieux !* » « *C'est inadmissible !* » Aux membres de son équipe trop bavards : « *Nous n'avons pas besoin de parler de notre stratégie !* » Au service de presse, un jour qu'elle découvre qu'on ne l'a pas avertie de la parution d'un article : « *Un post-it sur mon bureau ? Mais on ne fait pas une présidentielle avec des post-it !* » Ou encore : « *Ce ne sont pas les régionales de Poitou-Charentes !* »

De cette époque où elle a triomphé – seule femme à la tête d'une région, première à être investie par les militants –, la candidate a pourtant gardé tous les trophées, disposés dans son joli bureau du « 2-8-2 » : des caricatures où sont moqués les éléphants socialistes, la *cover* encadrée du portrait dressé par le *New York Times* et *Le Monde 2*, « Ségolène vue d'Amérique », Golène, un « doudoulitik » en peluche rapporté un jour de Canal + (un collector). Au fond, sans le dire, la petite bande des « historiques » de la légende ségolienne éprouve une forme de nostalgie de cette époque bénie de la campagne des régionales à Poitiers, puis de la primaire au PS où ils restaient entre eux, où les journalistes étaient rares et toujours bienveillants, où tout semblait facile. Jamais en retard d'une formule pertinente, Sophie Bouchet-Petersen a mis un mot sur cet étrange regret : « *Le syndrome de la TPE.* » La très petite entreprise.

12

« Elle n'est pas prête »

Quelque chose ne tourne pas rond dans la campagne. Au lendemain de sa victoire sur ses concurrents du Parti socialiste, plusieurs de ses amis ont conseillé à Ségolène de se mettre en retrait. François Rebsamen a expliqué : « *Tu as gagné. Maintenant, tu suspends ta campagne jusqu'à février. C'est là que les choses sérieuses vont commencer.* » François Hollande a suggéré que le PS, et lui au premier chef, « *réoccupe l'espace* » médiatique et politique pendant qu'elle se préparerait pour l'échéance ultime. Mais la candidate a tout balayé.

Quelque chose ne va pas pourtant. Le premier secrétaire semble angoissé. Quand on accepte encore de l'écouter, il glisse : « *C'est une chose de gagner les primaires, c'est autre chose de gagner la présidentielle. Et ce sera encore autre chose de gouverner.* » De bonnes âmes le rapportent aussitôt à Ségolène Royal. « *François cherche à revenir dans la lumière,* grince, mauvais, Julien Dray. *Mais tu as une avance et tu dois capitaliser ce que tu as engrangé. De toute façon, tu gagneras parce que tu incarnes l'image du renouveau.* »

Hollande ne trouve dans l'entourage de Ségolène que des affidés de la candidate qui lui rient au nez : « *Avoue que jusque-là, elle t'a bluffé !* » Oui, elle l'a bluffé. Il convient qu'elle a fait preuve de flair. Il craignait qu'elle endure mal cette épreuve physique, elle est restée éclatante jusqu'au bout. Il pensait qu'elle n'aurait pas la carrure et elle a contourné tous les obstacles. Il redoutait qu'elle ne s'effondre sous les coups ; il juge qu'elle les a magistralement parés. Mais, au fond, il a toujours pensé que, après dix années passées à courir de section en fédération du PS, à serrer la main de tant de militants, il n'aurait fait qu'une bouchée, lui aussi, de Dominique Strauss-Kahn et Laurent Fabius.

S'il admire sa force de caractère, il est nettement moins convaincu par sa maîtrise des dossiers. « *Je connais ses faiblesses* », confie Hollande à ses proches depuis plusieurs mois. Il craint qu'elle n'ait pas suffisamment travaillé en économie, en politique étrangère. Lorsqu'elle s'est lancée dans le débat interne, il a tenté de la prévenir : « *Un jour, tu verras, la pression deviendra terrible. Ils ne te feront aucun cadeau.* » Maintenant que le moment approche, il explique de plus en plus souvent : « *Elle n'est pas prête.* »

À l'approche de Noël, il comprend qu'il est déjà dans l'ombre. La presse ne le sollicite plus. Il n'est pas convié aux premières réunions de l'équipe de Ségolène, sa *dream team* du Poitou-Charentes, qui tient les partis politiques en sainte horreur, les rendant responsables de tous les maux. Il est sans cesse obligé de mendier une information auprès d'elle pour se tenir informé. Son directeur de cabinet Stéphane Le Foll et son conseiller Olivier Faure sont persona non grata au QG de la candidate et son attachée de presse Frédérique Espagnac a du mal à connaître son agenda médiatique. Le matin, lorsque le « 2-8-2 » fourmille d'activité, la rue de Solférino ressemble à un lieu de désolation.

Le 19 décembre, sans en avertir Ségolène Royal ni son équipe de campagne, François Hollande décide donc d'exister. Depuis plusieurs semaines, il répète à l'entourage de la candidate qu'il va falloir « *la lester* » sur le plan économique. En privé, il ajoute bien souvent que « *ce n'est pas la partie où elle est le plus à l'aise* ». Il accorde donc une interview au *Monde*. Au canon, dans la forme. Assez orthodoxe et dans la ligne du projet socialiste sur le fond. « *Il n'y aura pas de baisse des prélèvements obligatoires* », annonce-t-il en évoquant la création d'une CSG-retraites. La droite bondit aussitôt : « *Voilà la gauche et ses impôts qui reviennent !* » Ségolène Royal ne réagit pas. Alors François Hollande réitère l'exercice, toujours sans prévenir. Cette fois, il évoque dans un entretien au *Parisien* « *une hausse des impôts pour les salariés gagnant plus de 4 000 euros nets par mois* ». La polémique est générale.

En privé, Ségolène Royal laisse tomber sa sentence : « *C'est un chiffre arithmétiquement juste, mais politiquement faux.* » Julien Dray explose et redouble ses critiques auprès des journalistes :

« *Ce type a un rôle pernicieux ! Il veut la faire perdre !* » Mais il n'est plus le seul à se méfier du premier secrétaire. Sophie Bouchet-Petersen répète de plus en plus souvent d'un air entendu que « *les mecs supportent parfois mal que leur meuf soit sur le devant de la scène* ». Natalie Rastoin juge qu'il se trompe de stratégie. Aux doutes de Hollande, François Rebsamen a opposé ce constat implacable : « *Y en a-t-il un seul qui pourrait se maintenir aujourd'hui aussi haut dans les sondages ? — Ce n'est pas la question... — Si, c'est la question !* » Fermez le ban.

Début décembre, la petite équipe a décidé de bâtir à Ségolène Royal une stature présidentielle et annoncé dans la précipitation, pour le 15, un voyage au Proche-Orient. Liban et Israël au programme. En cinq jours, la candidate doit rencontrer en tête à tête les principaux acteurs de la région : le premier ministre libanais Fouad Siniora mais aussi son opposant, le président du parlement Nabih Berri, le premier ministre jordanien, avant une rencontre avec Mahmoud Abbas à Gaza et un entretien avec le chef du gouvernement israélien Ehoud Olmert. Hollande s'est rendu au Liban quelques semaines auparavant, or l'équipe de Ségolène Royal rechigne à passer par lui pour préparer l'équipée et à lui communiquer son agenda. L'ancien ministre des Affaires étrangères, Hubert Védrine, a été sollicité. Mais parmi d'autres – comme toujours. Et c'est à plusieurs diplomates proches de la gauche que Royal a réclamé des notes.

À Beyrouth, un député du Hezbollah lâche devant elle : « *Le nazisme qui a versé notre sang et qui a usurpé notre indépendance et notre souveraineté n'est pas moins mauvais que le nazisme qui a occupé la France.* » Vingt-quatre heures se passent avant que la candidate ne juge cette comparaison entre le nazisme et l'occupation passée du Sud-Liban par Israël « *inadmissible* ». Tollé général. En Israël, elle cautionne les survols du Sud-Liban par l'aviation israélienne qu'elle vient pourtant de déplorer quarante-huit heures plus tôt devant les Casques bleus français au Liban. Ses conseillers auraient dû l'avertir : en diplomatie, tout est dans la manière et au Proche-Orient plus que nulle part ailleurs.

La presse, qui l'avait portée aux nues pendant le débat interne au PS, la regarde tout à coup avec un œil légèrement différent. Tout début janvier, la candidate s'échappe en Chine. Elle y est venue armée d'un petit dictionnaire des locutions et proverbes chinois dans lequel elle puise chaque jour un dicton. Il fait un froid glacial, moins sept degrés, et Ségolène Royal s'est enveloppée dans une écharpe blanche, sans que personne l'ait prévenue qu'en Chine, le blanc est la couleur du deuil. Sur la Grande Muraille, malgré le soin qu'elle prend à peser chaque mot pour éviter la faute, elle invente un néologisme : « *Qui vient sur la Grande Muraille conquiert la bravitude.* » La doxa du « 2-8-2 » assure qu'elle a voulu s'amuser. François Hollande explique, son humour dressé comme un bouclier, qu'il ne s'agit que d'« *une chinoiserie* ». Mais c'est la moquerie générale.

Désormais, elle ne peut plus répondre à une interview sans qu'on teste sa compétence. Le 25 janvier, le journaliste Jean-Jacques Bourdin l'invite sur RMC pour inaugurer une émission qu'il a intitulée carrément « Entretien d'embauche ». Ségolène Royal veut parler de ses choix budgétaires en matière de défense nationale. Bourdin la questionne benoîtement : « *Au fait, Ségolène Royal, combien a-t-on de sous-marins nucléaires lanceurs d'engin ? — Euh, un... — Non. — Alors deux...* » Bourdin triomphe : « *Non ! Nous en avons sept !* » À « l'entretien d'embauche » des aspirants à l'Élysée, la voilà mal notée.

Le lendemain, RTL diffuse une conversation téléphonique où le comique Gérald Dahan l'a prise au piège. Quelques jours plus tôt, elle a semé le trouble en évoquant l'indépendance du Québec. L'acteur a donc contrefait la voix du premier ministre québécois : « *C'est comme si nous, on disait que la Corse doit être indépendante !* » Sur la bande qui l'enregistre, chacun peut entendre la voix de Ségolène qui explique en riant : « *Les Français ne seraient pas contre, d'ailleurs. Enfin, ne répétez pas cela, ça va encore faire un incident...* » Rien de grave, mais le ton ressemble un peu à celui du café du commerce.

On vantait sa fraîcheur et sa nouveauté. On moque désormais ses bourdes et sa cote de popularité commence à marquer le pas. Jean-Marie Le Pen la surnomme avec délectation dans les médias « *Lady Nunuche* ». Nicolas Sarkozy, qui la regarde se débattre dans l'adversité, juge dans une formule d'un machisme exquis : « *Elle n'est pas outillée.* »

« *Le camp d'en face* », comme la candidate a coutume de désigner l'UMP, est justement bien mieux organisé. Alors que Ségolène Royal se perd dans sa guerre contre les éléphants, Nicolas Sarkozy s'est désormais imposé à son camp tout entier. Dominique de Villepin s'est disqualifié, enlisé dans l'affaire Clearstream, montré du doigt après les manifestations contre son calamiteux contrat première embauche (CPE). Les chiraquiens commencent peu à peu à se rallier. Et les sarkozystes profitent du « trou d'air » qu'elle traverse pour tenter de la déstabiliser.

Avant même d'inaugurer, le lendemain de sa déclaration de candidature le 14 janvier, son QG, rue d'Enghien, dans le Xe arrondissement de Paris, Nicolas Sarkozy a mis en place un bataillon de politiques et de jeunes technos UMP chargés de recenser la moindre déclaration, le moindre faux pas de son adversaire socialiste. Une des fidèles du candidat, Marie-Hélène Debas, est chargée de lister pas à pas les déplacements de la candidate et son agenda. Deux jeunes technocrates, Cédric Goubet et Emmanuelle Mignon, bâtissent chaque jour des argumentaires pour contrer les thèmes qu'elle met en avant. Quant aux élus les plus médiatiques ou les plus connaisseurs, ils sont sommés de l'attaquer sans faiblir.

Dès qu'elle prononce un mot, le député Dominique Paillé, élu dans la même circonscription des Deux-Sèvres, s'en va sur les radios susurrer : « *Elle est inquiétante...* » Jean-Pierre Raffarin dresse désormais à charge son bilan de présidente de région et fait rire dans les réunions publiques en racontant, plein d'une feinte abnégation : « *Voyez comme je suis aimable, je vous propose que nous la gardions en Poitou-Charentes ! Et pourtant, je vous l'assure : elle séduit au loin, mais vous verrez, elle irrite au près.* »

Sarkozy a expliqué aux hommes : « *Nous, on lui répond factuellement. On ne l'agresse pas.* » Ce sont les femmes de l'UMP qui sont chargées d'instruire le procès en incompétence de « Mme Royal ». Michèle Alliot-Marie explique maintenant que « *le fait d'être une femme ne dispense pas de connaître ses dossiers* ». Ségolène Royal tente-t-elle de détailler, début janvier, ses dispositions en faveur des femmes battues ? La très sarkozyste Rachida Dati envoie aussitôt un communiqué à l'AFP pour souligner la « *méconnaissance de Mme Royal* ». « *Ces dispositions existent*, s'ébaubit la porte-parole de l'UMP. *Elles viennent d'être votées à l'Assemblée lors d'un débat où l'on n'a jamais vu la candidate socialiste.* » La députée de Meurthe-et-Moselle, Nadine Morano, va jusqu'à se glisser incognito au congrès de l'association des déficients auditifs, enveloppée d'un long manteau recouvert d'une capuche qui lui masque le visage, pour lui porter ex abrupto la contradiction !

Ces voltigeuses ont été équipées de dossiers complets sur toutes les reparties, toutes les esquives, toutes les faiblesses de la candidate socialiste. On y trouve une revue de presse fournie, contenant un article du *New York Times* de mai 2006 où un journaliste américain, pourtant bien disposé à son égard, l'interrogeait sur l'Irak. « *Poseriez-vous la même question à un homme ?* » avait répondu la candidate. Elles ont noté que lors d'une conférence de presse où on la questionnait sur le Proche-Orient – sera-t-elle plus favorable aux Palestiniens, dans la lignée de Jacques Chirac, ou penchera-t-elle davantage, comme Lionel Jospin, en faveur des Israéliens ? –, elle s'est contentée d'une pirouette : « *Vous croyez vraiment que je vais répondre comme ça à cette question ?* » Elles viennent sourire finement dans les médias : « *Être présidente, c'est justement cela...* » Sarkozy n'a plus qu'à conclure sans la nommer : « *Une campagne présidentielle, cela ne s'improvise pas...* »

Le président de l'UMP ne croit pas si bien dire. Autour de Ségolène Royal, qui possède l'expérience de ces batailles si particulières ? Jean-Louis Bianco, le directeur de campagne de Ségolène, a vécu les campagnes mitterrandiennes. Mais l'aventure est lointaine. Christophe Chantepy a surtout suivi l'épopée de Poitou-Charentes. Ni François Rebsamen ni Julien Dray n'étaient en première ligne de l'élection présidentielle en 2002. L'amie et conseillère de Ségolène, Sophie Bouchet-Petersen, bouillonne d'idées, mais ne connaît pas l'art de la guerre. Les militants de Désirs d'avenir s'enorgueillissent de ne jamais avoir frayé avec les partis politiques, mais manquent parfois de réflexes.

Or Royal ne veut à aucun prix débaucher dans les écuries des ténors du parti. Les anciens des cabinets ministériels de Lionel Jospin ou les experts du strauss-kahnisme attendent en vain un coup de téléphone. Elle préfère puiser dans le vivier des anciens chevènementistes, voire solliciter des hauts fonctionnaires de gauche qui se morfondent dans les ministères du gouvernement Villepin, pour trouver la main-d'œuvre capable de lui rédiger les notes dont elle a besoin. Elle décourage du coup des dizaines de bonnes volontés. Au sein du Conseil d'État, de petits groupes de technocrates se sont constitués, avant qu'elle ne soit la candidate officielle, afin de lui rédiger des notes et des argumentaires. Au ministère des Finances, des escouades de hauts fonctionnaires se sont mises en branle pour proposer idées et chiffrages. Au Parti socialiste, les députés spécialisés en économie, en social, en éducation tiennent des réunions de travail. Ils attendent sans succès des coups de fil du « 2-8-2 » qui ne viennent pas.

Début janvier, l'ancien député fabiusien Thierry Mandon, qui s'est porté volontaire pour s'occuper du volumineux courrier adressé à la candidate, doit s'y prendre à quatre fois auprès de Jean-Louis Bianco pour que l'on entende enfin son inquiétude : une masse énorme de demandes d'entretiens et de rendez-vous s'est accumulée et Mandon ne dispose que de trois personnes pour y répondre. Personne ne s'en est jusque-là préoccupé. David Assouline, ségoliste de la première heure, réclame un petit job dans la campagne : on le charge de s'occuper des associations, un travail à temps plein dans chaque élection présidentielle. Il découvre lui aussi des centaines de lettres en souffrance… « *Trois cents demandes de rendez-vous, dont deux cent quatre-vingt-cinq considérées comme très importantes, n'ont pas reçu de réponse* », murmure-t-on au « 2-8-2 ». Les représentants des médecins, des cadres moyens, des agriculteurs sont délaissés. De grands leaders syndicaux voient leurs rendez-vous décommandés, reportés et finalement annulés.

On s'inquiète auprès de Christophe Chantepy, de Jean-Louis Bianco ou de Camille Putois, la chef de cabinet, du sort de son « papier ». Ils ne répondent qu'un laconique : « *On l'a bien reçu...* » Puis, plus rien. « *Aucun retour* », se lamentent les bonnes volontés. En moins d'un mois, chacun s'est découragé. « *Un jour, des inconnus ouvriront les placards de l'appartement du boulevard Saint-Germain et verront tomber à leurs pieds des paquets de notes de conseillers, des centaines de lettres de ministres, des dizaines de courriers de prix Nobel* », sourit amèrement l'un des porte-parole, Vincent Peillon.

L'écrivain Erik Orsenna, sollicité pour écrire quelques discours de la candidate, débarque un jour au QG de campagne. On lui a demandé de rédiger celui qu'elle doit prononcer le 11 février à Villepinte. Celui-là même où elle déclinera son « pacte présidentiel » et ses 100 propositions. À l'Élysée, du temps de François Mitterrand, Orsenna a souvent joué ce rôle de *speech writer*. Il y a rencontré Ségolène Royal. Il en a gardé le souvenir d'une jolie femme déterminée. Il est prêt à l'aider. Il demande donc qu'on lui fournisse le canevas du discours, pensant qu'il va devoir mettre en forme un projet déjà élaboré. « *Un canevas de discours ? Mais il n'y en a pas* », lui rétorque-t-on. Et la candidate ? « *Pas le temps de vous voir.* » On lui apporte seulement une « brique » de documents et de déclarations qui le laissent désorienté.

Sophie Bouchet-Petersen a décidé d'éteindre son portable et ne répond plus qu'aux mails, et encore. Julien Dray, censé coordonner les porte-parole de la candidate, est le plus souvent injoignable. On l'appelle vingt fois, on le mitraille de textos, il répond 48 heures plus tard. Du coup, chacun improvise dans les radios et les télévisions en tentant de faire pour le mieux. Lors du « Ségotour », qui sillonne la France, les envoyés spéciaux du « 2-8-2 » s'exposent sans cesse aux moqueries des médias, lorsque Ségolène Royal les envoie voyager dans le car des journalistes. *« Que va-t-elle faire ? Que va-t-elle annoncer, dans deux heures, lors de son meeting ? »* Ils sont le plus souvent incapables de le dire.

Plus personne ne sait vraiment si la désorganisation générale est liée à l'inexpérience des équipes Royal… ou à la volonté de Ségolène de tout maîtriser elle-même, soigneusement à l'écart d'un Parti socialiste qu'elle considère au fond comme dépassé. « *Éloignez les élus… je ne veux pas de photos avec eux… Évitons leurs discours obligés* », répète-t-elle à chaque déplacement. François Hollande masque mal son angoisse sous son humour apparent. N'y aurait-il pas, décidément, une divergence de ligne entre la candidate et le premier secrétaire, commencent à oser certains à voix haute. « *De ligne ? Quelle ligne ? Elle n'en a pas encore !* »

13

La seconde jeunesse de Chevènement

Cette fois, c'est trop. Jean-Pierre Chevènement chez Jean-Pierre Elkabbach à la place de Ségolène Royal, à moins de deux semaines du premier tour, et alors que quatre sondages successifs viennent de donner la candidate socialiste à la baisse ! Jean-Pierre Chevènement, « *délégué* » pour représenter la candidate du PS, première des douze prétendants à l'Élysée que la station interroge longuement chaque jour. « *Ce matin, vous êtes sa voix* », a répété deux fois le patron de la rue François-Ier au micro, ce mardi 10 avril. « *À sa demande, vous êtes son porte-parole.* »

Le « *porte-parole* » a donc expliqué que « *l'ordre juste ce n'est pas le laxisme* ». La « voix » a placé « *l'identité nationale* », dans sa version « patriotisme républicain », en deuxième thème de la campagne, derrière le « social ». Chevènement a devisé sur l'Allemagne, remis en cause les 35 heures, qui pénalisent les petits salaires, critiqué la politique des États-Unis en Afghanistan. Un vrai ministre d'État. Il a aussi expliqué comme un chef de parti qu'il n'y aurait aucune main tendue ni aucun ralliement à François Bayrou. François Hollande n'en peut plus. Devant le secrétariat national qui est censé diriger son parti – et la campagne –, mercredi 11 avril, le patron du PS gronde : « *Ce n'était pas la peine d'envoyer Chevènement à Europe, parce que le vote de son parti nous est acquis. Et ce qu'il a dit hier, ce n'était pas la bonne tonalité pour la campagne. Vraiment pas.* » Le jeudi, *Le Parisien* rapporte dans un écho un des agacements de Hollande : « *Il fait fuir les bobos !* » Jean-Pierre Chevènement entoure l'article avec son Mont-Blanc et le passe à Bruno Le Roux, le « Monsieur circonscriptions » du PS : « *Heureusement, je suis de bonne composition.* »

Il l'est, effectivement. Inoxydable. Après la débâcle de 2002, le premier secrétaire du PS se croyait enfin débarrassé du fondateur du CERES. Les 5,33 % recueillis par le « Che » à l'élection présidentielle de 2002 sonnaient comme une fin de partie. Ses amis avaient tous perdu leurs circonscriptions. Jean-Pierre Chevènement lui-même avait vu la sienne lui échapper, pour la première fois depuis 1973. Une partie de ses fidèles, comme le député de la Haute-Saône Jean-Pierre Michel, ont même rallié le PS. Il ne lui restait en vérité que cette nouvelle petite formation confidentielle, le MRC, sa fondation, Res publica, salon d'énarques mûrs et d'ambassadeurs retraités, quelques marottes et beaucoup de souvenirs.

Mais voilà. Contre l'avis de son compagnon, Ségolène Royal a brisé la fameuse fatwa dont le « Che » se disait victime de la part de Solférino.

Elle en a fait sa « *voix* », son « *porte-parole* ». Elle a même incarné ses mots. Ce lundi 12 mars, au gymnase Japy à Paris, où Ségolène Royal recevait « mille » personnalités artistiques et intellectuelles, pendant que Jean-Pierre Mignard peste d'entendre qu'elle n'a gardé que des bribes du texte qu'il a préparé pour elle, l'ancien ministre de François Mitterrand goûte d'un air gourmand chaque parole qu'il entend. « *Nous, républicains, nous sommes amoureux de la France… La nation n'est pas une addition de communautés… Avec moi, l'identité nationale ne disparaîtra pas dans la mondialisation…* » La salle – des artistes âgés, des visages froissés, l'exacte réplique du comité de soutien de Lionel Jospin en 2002 – applaudit l'ode républicaine de la candidate. Et l'ex-député de Belfort biche, en silence, de voir ses anciens ennemis venus de l'extrême gauche, ceux qui lui avaient fait la guerre lorsqu'il se trouvait place Beauvau, comme Michel Broué ou Edwy Plenel, rendre un hommage appuyé à son hymne à l'identité française.

Déjà, à Villepinte, le 11 février, avec l'aide de l'ancien député de Paris Jean-Yves Autexier, il a supervisé les finitions du « pacte présidentiel ». Il a inspiré des morceaux sur la France et sa « *grande Histoire* ». Deux jours plus tard, il les a d'ailleurs soulignés sur le texte qu'il a envoyé à Max Gallo, son voisin de la place du Panthéon. L'historien – un autre républicain, mais passé sur « l'autre rive » – ne cache pas en effet son admiration pour Nicolas Sarkozy. Dans *Le Parisien* du 21 janvier, il s'est désolé : « *Elle nous parle des "territoires" : qu'elle nous parle de la nation !* » « *Regarde, elle sait en parler aussi !* » écrit Jean-Pierre Chevènement à son vieux complice dans son petit mot.

Au fond, les élections n'ont jamais réussi à Jean-Pierre Chevènement. Il préfère peser sur les idées, imposer son logiciel républicain, que ce soit à l'intérieur du PS, au CERES – Jean-Pierre Chevènement a commencé en politique en rédigeant les argumentaires de François Mitterrand pour la présidentielle de 1965 –, ou au sein de la gauche plurielle, comme en 1997. Mais, après l'échec de la gauche au premier tour en 2002, tout cela a semblé fini. Le « Che » est devenu la bête noire de Lionel Jospin, qui n'a jamais cessé de tenir son ancien ami pour responsable de la défaite. Chevènement ? Un « *démissionnaire professionnel et un traître occasionnel* », a lâché Sylviane Agacinski, le 31 janvier, sur France Culture. « *Sylviane est une excellente épouse* », a immédiatement rétorqué le « Che » sur son blog. Bref, la brouille est consommée.

Jean-Pierre Chevènement a d'abord songé à se rapprocher de Laurent Fabius. « *Alors, Jean-Pierre, qu'est-ce que tu fais en ce moment ?* » a demandé l'ancien premier ministre, en janvier 2003, lors d'un déjeuner organisé par deux de leurs fidèles. Silence de dix secondes. « *Eh bien, vois-tu, Laurent, je tente de survivre.* » C'est alors vrai. Après la victoire du « non », que nul n'identifie à sa personne, Jean-Pierre a donc négocié tristement avec François Hollande ses 1 500 000 voix chevènementistes de 2002 contre 10 circonscriptions pour 2007. Dont la seule qui compte : la 2e de Belfort. Georges Sarre, l'indéboulonnable maire du XIe arrondissement, est exilé dans la Creuse. Pour faire monter les enchères, Chevènement a tenté, comme d'habitude, de faire croire à sa vraie-fausse candidature.

Mais voilà que, à l'été 2006, il a compris que c'est Ségolène Royal qui risque d'être investie. Un jour d'août où il nage au large d'une plage de Belle-Île, il lâche entre deux brasses, au large d'un rocher, à l'ami qui l'accompagne : « *Avec Ségolène, qui est si mal organisée, est-ce que tu ne crois pas que c'est l'endroit où on pourrait le mieux peser ?* » Dès l'investiture de la belle, le rapprochement s'est donc mené en secret : la veille de ce 10 décembre 2006 où, sur l'estrade du congrès de son parti, il accueille en majesté Ségolène Royal, une main autour de sa taille, ses militants tractaient encore pour leur « Che »...

« *C'est la réconciliation entre la gauche du "oui" et la gauche du "non", mais pas une réconciliation artificielle* », assure ce jour-là la candidate socialiste, qui consulte aussi Jacques Delors et Hubert Védrine sur l'Europe, mais a besoin de toutes les voix de gauche. Un référendum les sépare, mais aucun drame : Ségolène Royal n'est pas la plus européenne des socialistes. Quelques jours plus tôt, au Portugal, elle a d'ailleurs trouvé les accents chers aux « nonistes » pour critiquer la Banque centrale européenne et l'euro fort. « *Ségolène Royal a clairement situé l'enjeu : la reconquête des couches populaires et le dépassement du clivage du "oui" et du "non"* », s'est réjoui le patron du MRC.

Sur l'école, sur les banlieues, leurs credo se ressemblent. Lorsqu'en 1999 le ministre de l'Intérieur Chevènement a dénoncé les « *sauvageons* » des banlieues, Ségolène Royal, alors ministre déléguée à l'Enseignement scolaire, l'a défendu. Comme elle a été la seule, avec le ministre de la Défense Alain Richard, à soutenir les « centres fermés » pour mineurs délinquants. Ils partagent la même conception de la République. Ils n'aiment ni la « *bien-pensance des bobos* », comme dit Chevènement, ni les libéraux-libertaires. Tous deux chantent la *Marseillaise* et raffolent du drapeau tricolore et de la bataille de Valmy – leur référence.

Rallier un homme, pour Chevènement, aurait été difficile. Aider cette femme qui aime l'ordre, qui porte son élégance bien droite, encaisse tous les coups sans faillir et – *last but not least* – a fini par prendre la place de François Hollande, lui convient. L'intérêt bien compris de Chevènement rencontre celui de Ségolène Royal. La candidate, ce n'est pas un mystère, se méfie du PS. Elle veut organiser sa campagne avec ses propres troupes. Or voilà longtemps que sa propre équipe, au « 2-8-2 », ne suffit pas à faire face aux demandes. Il lui faut des arguments et des plumes.

En janvier 2007, Jean-Pierre Chevènement réunit les experts qui, depuis toujours, travaillent pour lui. « *On attend les propositions de la candidate. Il faut donner du fond à la campagne* », leur explique-t-il. Puis, durant la dernière semaine du mois, il réunit dans ses bureaux rue de Bourgogne cinq hauts fonctionnaires qui forment l'ossature et le gros de ses troupes. « *Vous savez écrire des discours. Il faut aider Ségolène.* » Aussitôt dit, aussitôt fait. On ne plaisante pas avec les ordres du chef. Dans le plus grand secret, l'équipe est immédiatement mise à contribution : Patrick Quinqueton, ancien membre du cabinet de Chevènement place Beauvau, Marie-Françoise Bechtel, autre conseillère d'État, le conseiller d'État Sami Naïr, et Jean-Yves Autexier, conseiller de Paris, Philippe Barret, le mari de Michèle Cotta...

Ce staff de hauts fonctionnaires sexagénaires la rassure. Leur dévouement la comble. Elle doit tenir un grand oral devant la fédération des chasseurs, mardi 20 février ? Le dimanche qui précède, c'est la panique au QG. Ségolène Royal n'est pas satisfaite des discours qu'elle a demandés à son chef de cabinet, Camille Putois, de commander, en parallèle – c'est sa méthode – à Stéphane Le Foll, le directeur de cabinet de François Hollande, à l'ex-ministre de l'Agriculture François Patriat, au président du conseil régional d'Aquitaine et à celui d'Auvergne. Elle a alors recours à un ancien élu chevènementiste de Dordogne, Michel Suchod : les chasseurs se montrent ravis de « *l'engagement solennel* » pris par la candidate de « *ne pas faire la énième réforme* » de la chasse.

Pourquoi, sur Airbus, Ségolène Royal se priverait-elle de ce spécialiste des dossiers industriels qu'est Chevènement qui, de surcroît, connaît si bien Louis Gallois, le nouveau patron d'EADS, un ancien de Socialisme et République, son ancien directeur de cabinet au ministère de la Recherche et de la Défense, et soutien de sa candidature à la présidentielle de 2002 ? Avec lui, Chevènement rédige un argumentaire dense où il donne la ligne.

Samedi 3 mars, à la maison de la Chimie, pour le discours sur la défense de Ségolène Royal, c'est

Danielle Duwoye, secrétaire particulière de l'ex-député de Belfort depuis plus de vingt ans, qui tient la liste des invités – des cartons d'invitation ont aussi été envoyés au nom du président du MRC. Il a eu la haute main sur le texte. Au grand dam de Jean-Yves Le Driant, censé conseiller la candidate sur le sujet, et surtout ami fidèle de Ségolène Royal depuis les clubs Témoins de Jacques Delors. Mais aussi de l'ancien ministre de la Défense Alain Richard.

Rien ne vient contrarier cette nouvelle alliance. Et surtout pas Lionel Jospin dont la détestation unit ses deux anciens ministres. « *Jospin n'arrive toujours pas à comprendre comment j'ai pu avoir Chevènement* », a-t-elle raconté un jour à un BHL stupéfait. Sollicité au téléphone par la candidate, l'ancien premier ministre se montre très clair : il ne sera du pack des treize poids lourds de la campagne que si son ancien ami et ministre n'y figure pas. Mis au parfum, le « Che » rapporte immédiatement la nouvelle et ironise sur son blog sur la « *fixation malheureuse* » de « Lionel » et son « *incapacité persistante à analyser les causes de son échec. Le fait que seulement 11 % des ouvriers aient voté pour lui le 21 avril 2002 devrait le faire réfléchir davantage. Cette approche moralisante des problèmes politiques permet peut-être de préserver un certain capital narcissique...* ».

Il s'en fiche. 2007, c'est sa revanche sur 2002. Le comité des « treize » ne s'est pas réuni, alors que lui a gagné un bureau boulevard Saint-Germain ! Promu « conseiller spécial », il s'affiche derrière Ségolène dans les grandes émissions de télévision, et, dans l'ombre, s'impose sans jouer des coudes. Elle finit par le placer toujours à sa droite, l'interroge avec respect. Comme dimanche 4 mars, à la veille d'une rencontre avec la chancelière allemande, où elle bavarde pendant le topo d'Élisabeth Guigou, mais écoute en silence le président du MRC expliquer qu'il faut « *se méfier d'Angela Merkel* » et de ces « *Allemands qui ne croient qu'aux capitaux privés* » pour Airbus.

La rencontre avec cet homme solide, dévoué, jamais vulgaire, si habilement et agréablement paternel la rassure. « *J'aurai besoin de gens comme lui pour des ministères régaliens* », confie Ségolène Royal un jour qu'elle déjeune avec le patron d'un journal parisien. Il a su se rendre indispensable, et il est devenu son révélateur. Mardi 13 mars au soir, alors que le comité stratégique de campagne s'interroge sur la manière de contrer François Bayrou, Jean-Pierre Chevènement explique : « *Il faut que Ségolène reste elle-même.* » Elle-même, c'est-à-dire sur la ligne du « Che ».

14

Les arrangements de BHL

« *Dès que j'ai le dos tourné, elle recommence !* » Bernard-Henri Lévy a filé de Francfort au Canada, ce lundi 26 mars. Il a pris connaissance avec un peu de retard des propos que la candidate socialiste a tenus durant le week-end à Marseille, où, après avoir fait entonner la *Marseillaise* aux militants rassemblés sous le Dôme, elle a jugé que « *tous les Français devraient avoir chez eux le drapeau tricolore* ». Du coup, il reprend sa plume. Son « Bloc-notes » du *Point* n'énumérera pas cette semaine, comme il l'avait prévu, les raisons de son soutien à Ségolène Royal. En dernière page de l'hebdomadaire, ce 29 mars, il est question du Darfour et de l'Europe, mais pas d'elle. Il remet son soutien à plus tard.

« *Je lui avais dit : libérez-vous, soyez vous-même. C'est réussi !* » peste le philosophe. Il ne sait pas – mais qui le sait ? – que quelques mois auparavant, pour son congrès extraordinaire d'investiture le 26 novembre, Ségolène a déjà réclamé la présence de drapeaux tricolores. Le

Marseillais Patrick Mennucci en avait fait rentrer des centaines, pour que la Mutualité tout entière fête la victoire dans la liesse. Mais Olivier Faure, le directeur adjoint de cabinet de François Hollande, en a eu vent. Et, grâce au premier secrétaire, les drapeaux n'ont jamais été déballés de leur caisse et ne sont jamais sortis du camion.

BHL décroche son téléphone. « *C'est peut-être tactiquement utile, je ne suis pas juge de ces considérations,* dit-il à Ségolène Royal. *Mais ça me déplaît profondément. C'est dans l'air mauvais du temps* », râle le pourfendeur de l'*Idéologie française*. Il se désole de cette erreur que commettent la droite et la gauche « *en laissant à je ne sais pas qui l'Europe. La vraie erreur, la voilà. Ce n'est pas de laisser la nation au Front national, c'est de laisser l'Europe aux autres Européens* ».

Il est fâché, mais pas brouillé. Il la voit élue, il a gagné sa confiance, il ne veut pas perdre son nouveau rôle d'influence. Car BHL est devenu en quelques semaines l'un des confidents de Ségolène Royal. Qui sait que, depuis janvier, le philosophe et la candidate se téléphonent plusieurs fois par jour ? Avant chaque émission de télévision, elle le consulte. Après chaque meeting, elle l'appelle. En cas d'urgence et de grosses turbulences dans le ciel de la campagne, il la reçoit à l'improviste chez lui, boulevard Saint-Germain, sur le même trottoir et à quelques numéros de son siège de campagne. Mais chut ! Surtout, ne pas le dire. Ségolène le sait : cela ferait fuir cette gauche antilibérale qu'elle a réussi à séduire, cela effraierait les amis de *Marianne* et les pourfendeurs de la « pensée unique » qui ont fait de BHL leur « ennemi public numéro un ».

La veille de « J'ai une question à vous poser », sur TF1, où la candidate doit répondre aux questions d'un panel de Français le 19 février, ils se retrouvent. C'est l'émission qu'il ne faut pas rater. Le 18 avril – un de ces jours noirs de la campagne où elle a annulé une interview au *Parisien* et une autre au *Figaro*, à quatre jours du premier tour –, elle doit revenir sur le plateau du JT de TF1. BHL lui offre aussitôt quelques formules, comme la « *fracture républicaine* », qu'elle rejette d'abord sèchement : « *Ça fait Jacques Chirac !* » Avant de finir par lâcher, devant Patrick Poivre d'Arvor : « *Nicolas Sarkozy porte en lui la menace d'une fracture républicaine...* »

En quelques mois, l'intellectuel a gagné son amitié. Il lui lit de la poésie – elle n'a pas l'habitude –, lui envoie la réalisatrice Josée Dayan pour un coup de main sur ses spots de campagne officielle. « *Seule une femme,* explique-t-il, *sait filmer les femmes.* » Il devine les fatigues d'une campagne, les lassitudes, les angoisses, et la complimente gentiment. N'a-t-il pas vanté, dans une chronique, son « *étonnante fraîcheur* », son « *long et joli cou* » ? Un jour, il se permet de lui recommander un chignon, qu'elle porte le lendemain dans le studio d'Europe 1. À quelques proches, Bernard-Henri confie parfois : « *Elle est très seule. Y compris sentimentalement.* »

À l'hiver 2006 encore, ils ne se connaissaient pas. Bernard-Henri Lévy représente tout ce que la candidate déteste a priori. Riche bourgeois parisien, ami des puissants, homme de réseaux et de Saint-Germain-des-Prés… Un grand savoir et une culture aux antipodes de la sienne. Ségolène Royal n'est pas une intellectuelle. Elle va de temps en temps au théâtre – François Hollande, lui, s'y ennuie –, joue du piano, a gardé une éducation traditionnelle de jeune fille bien élevée. Mais sa culture, c'est celle de l'ENA, un savoir volontiers achronique et sans histoire. C'est aussi la télévision, dont, comme Nicolas Sarkozy, elle est la fille. « *Je ne lis jamais de romans* », a confié un jour le premier secrétaire du PS à *Paris-Match*. Ségolène Royal non plus, mais, à la différence de son compagnon, elle n'aborde que très peu d'essais et jamais de philosophie.

Alors, quand Bernard-Henri Lévy adresse à la candidate une demande d'entretien que le *Wall Street Journal*, l'un des quotidiens américains auxquels il collabore, lui a commandé elle ne donne pas suite. Elle a longtemps entendu François Hollande se moquer de cet intellectuel médiatique, qui défend des causes éloignées de celles des militants. Ses combats sont trop souvent, pour elle, ceux des bobos qui ne se soucient pas des catégories populaires et qui, en 2002, ont causé tant de tort aux socialistes en les boudant au premier tour. Le philosophe fait partie de ces élites médiatiques qu'elle a choisi de ne pas fréquenter. La demande de BHL tombe donc dans les sables.

L'intéressé n'est pas non plus emballé par cette étrange candidate. Il ne prend pas Nicolas Sarkozy pour un homme dangereux : « *Sarko n'est ni un salaud ni un facho,* dit-il souvent, *ça, c'est ce que dit la gauche quand elle n'a rien à dire.* » Il ne déteste pas non plus franchement François Bayrou. Mais il aimerait voter à gauche, contrairement à d'autres philosophes comme André Glucksmann ou Alain Finkielkraut qui ont rallié le candidat UMP. Il regrette que François Hollande n'ait pas réussi à moderniser le Parti socialiste, et que Dominique Strauss-Kahn n'ait pas été son candidat : « *Je persiste à penser, n'en déplaise à ceux qui ont retourné leur veste, qu'il eût été le meilleur pour réinventer la gauche de gouvernement.* » Il pense même que Laurent Fabius ne méritait pas d'être « *shooté à bout portant par le sourire au laser de la chasseuse d'éléphants* », écrit-il dans *Le Point* du 25 novembre 2006. Aimable…

Chez Ségolène pourtant, il défend a priori la femme. L'idée d'un « *surgissement* » féminin l'enchante et il s'agace des « *misérables réactions sexistes* » qui tentent de la déstabiliser. Mais il est très réticent devant la fameuse « *démocratie participative* » sur laquelle la candidate a fondé sa campagne. Démagogie, populisme : les mots ne sont pas trop forts pour lui. « *La démocratie participative, c'est l'exemple même de concept qui ne veut rien dire, ou qui devient terriblement dangereux,* répète-t-il. *Si une présidente de la République ne peut rien décider qui ne lui ait été soufflé par la grande sagesse de la France d'en bas qui, elle, ne ment pas, alors je n'ai pas besoin de vous faire un dessin.* »

Il est intarissable aussi sur la nouvelle trouvaille de la candidate : les jurys citoyens. Il a tiqué très fort à sa proposition d'encadrement militaire des mineurs délinquants. Son concept de « *défense des droits humains* » plutôt que des « *droits de l'homme* », lancé en Chine, le choque. La voilà qui se range aux côtés des zélotes anti-droit-de-l'hommistes, cette vilaine expression forgée par Jean-Marie Le Pen, et reprise depuis par le Paris anti-intellectuel et la presse anti-élites ! Lui qui est favorable à l'entrée de la Turquie dans l'Europe, il ne comprend pas non plus que, sur cette question, elle s'en remette « *à l'Opinion, c'est-à-dire aux Sondages* ». Sur les mœurs, la morale, la France, il la devine « réac ». « *Derrière son côté "l'œil du Poitou voit juste et le terrain, lui, ne ment pas", il n'est pas sûr qu'il n'y ait que du pragmatisme.* » Il craint parfois « *la pureté dangereuse* ».

Le 28 janvier, dans *Le Parisien*, le philosophe s'emporte donc : « *De ma vie, je n'ai jamais vu campagne aussi médiocre [...]. Avec la meilleure volonté, il est difficile de ne pas se poser des questions. Que veut-elle ? Quel est son projet ? Quelle vision du monde a-t-elle pour traiter avec tant de désinvolture la question de la souveraineté nationale sur la Corse ou pour louer en Chine la "rapidité" de la justice ?* » Pire, BHL n'exclut pas un dénouement tragique pour la candidate. « *Tout peut arriver [...]. Je sais que certains, au PS, spéculent sur cet effondrement. Ils imaginent, en février ou en mars, face à des sondages catastrophiques, une sorte d'appel de grands élus exhortant la candidate à se sacrifier sur l'autel d'un congrès extraordinaire qui désignerait... François Hollande ! Peut-être...* »

François Hollande ? La candidate a bien lu. Insensé. Humiliant. Elle trouve la charge injuste et le fait savoir à son amie, l'écrivain Fred Vargas. Les deux femmes se sont connues à l'occasion d'un des nombreux dîners qu'organisent l'animatrice Daniela Lumbroso et son mari, l'ancien secrétaire général de SOS Racisme, Éric Ghebali. Ségolène Royal sait que l'auteur de *Pars vite et reviens tard* s'est rapprochée de BHL – comme de François Bayrou – à l'occasion de son combat contre l'extradition en Italie de l'ancien activiste des années de plomb Cesare Battisti. La candidate socialiste n'est pas du tout dévouée à cette cause qui ne mobilise que l'extrême gauche et quelques bobos libertaires, au grand dam de l'écrivain. Mais elle apprécie Fred Vargas qui, pour ne pas la gêner, a évité durant la campagne de venir la soutenir publiquement dans ses meetings. Alors, quand cette dernière lui explique qu'il serait bon qu'elle rencontre BHL, elle accepte le principe du rendez-vous.

On ne parle alors que du « trou d'air » que traverse la candidate, des « bourdes » qu'elle enchaîne. Et pour la première fois, Ségolène doute en privé de sa victoire. Le Paris germanopratin est parti aux sports d'hiver, et c'est ce moment que saisit BHL pour l'écouter et lui témoigner son soutien. Il n'aime jamais rester trop longtemps en dehors du débat public. Qu'elle le néglige, lui que les médias sollicitent sans cesse, lui qu'à l'étranger on estime « incontournable » et capable d'approcher tous les princes, commence à l'agacer.

Il ne sait pas encore qu'au même moment Jean-Pierre Chevènement, son ennemi idéologique, a entamé, avec une nette longueur d'avance, la même démarche. Les deux hommes qui se détestent cordialement, et qui vont, à l'insu l'un de l'autre, faire assaut de présence et tenter de se rendre indispensables. Ni l'ancien ministre ni l'intellectuel ne supportent de rester hors des cercles du pouvoir. En ce début février, à l'époque où elle est au plus bas dans les sondages, Ségolène dîne donc avec BHL.

Autour d'une salade, d'une sole et d'un vin blanc sec, le philosophe et la candidate s'interpellent. Il a été douché par son échappée en Chine. Elle s'applique à tout justifier.

« *La justice rapide, je parlais de la justice commerciale, pas de la justice pénale.*

— *Soit,* répond BHL, *mais ce qui a troublé, c'est que vous étiez très en retrait, en même temps, sur la question des droits de l'homme. Et ce, alors que Sarkozy prenait des positions fortes sur le Darfour, la Tchétchénie, les dictatures.*

— *Oh, Sarkozy et les dictatures...* », ironise Ségolène Royal.

Elle est sans fard, ne minaude pas. À minuit passé, comme tant d'autres, il est séduit. On le devine dans le récit qu'il en dresse dans *Le Point*, le 8 février, mais aussi dans la presse américaine, où il raconte par le menu son « *Dinner with Ségo* ». François Hollande est outré du procédé et, évidemment, de la mise en scène galante de cette rencontre. Elle pardonne. On la comprend. Sur l'Europe, sur l'Iran, le philosophe la trouve « *bien plus pertinente, franchement, qu'on ne l'a écrit* ». Et de conclure : « *Je la quitte, toujours perplexe, mais avec le sentiment qu'on a peut-être été injuste – moi le premier – avec cette femme ; et qu'elle ne ressemble guère, en tout cas, à l'image qu'elle s'est donnée.* »

De ce jour commence une longue collaboration dont ils gardent le secret. Le téléphone, tous les jours, mais aussi, à plus de vingt reprises, de longues heures durant – un exploit dans un emploi du temps serré de candidate à l'élection présidentielle – BHL et Ségolène Royal se retrouvent pour dîner, souvent chez le philosophe, boulevard Saint-Germain. Patiemment, BHL explique. L'air de rien, il tente de la libérer des influences de son entourage, notamment en matière de diplomatie : Sophie Bouchet-Petersen, son amie en gauchisme Monique Saliou, une ancienne de la Cour des comptes qui gère ses réseaux internationaux... Pour BHL, en effet, on peut être gauchiste et dangereusement conservateur. « *Tout le bla-bla, dans une partie de son entourage, sur ces droits de l'homme qui seraient les droits d'un Occident repu qui chercherait à imposer ses Lumières au reste de la planète sent son relativisme culturel, son tiers-mondisme rance, son altermondialisme, et au total sa méconnaissance de cette grande avancée que fut, dans l'histoire de la gauche, l'antitotalitarisme* », soupire-t-il sans les nommer dans un entretien au *Nouvel Observateur.*

BHL raconte, BHL argumente, et BHL finit par glisser un pied dans la campagne sur les sujets qui lui tiennent à cœur. Il a constaté que, sur mai 68, elle tient le discours qui, depuis quelques années, a envahi la pensée d'une partie de la droite mais aussi de la gauche française. Il lui explique en quoi il le trouve réactionnaire. Avec, visiblement, une certaine force de conviction. Dans *Maintenant*, le livre d'entretiens avec Marie-Françoise Colombani qu'elle publie fin mars, on retrouve les mots que Bernard-Henri Lévy a lui-même écrits. « *Je ne partage pas le procès fait à mai 68 [...]. Il a accéléré la déstalinisation des esprits. Il a permis l'affirmation d'un antitotalitarisme de gauche qui était, avant cela, bien minoritaire et bien peu audible.* »

En politique étrangère, il tente de l'entraîner loin des motifs obligés et des prudences du Quai d'Orsay qui lui répugnent tant. À Villepinte, le 11 février, Ségolène Royal cite ainsi Anna Politkovskaïa, la journaliste russe dont on soupçonne que le système Poutine a créé les conditions de son assassinat, et évoque le nécessaire « *langage de vérité* » à tenir à la Russie. « *Je serai [...] une présidente intraitable quand il s'agira de dénoncer les abus de droit, les entorses aux droits de l'homme, voire les crimes de guerre en Tchétchénie ou l'assassinat, en plein Moscou, de cette femme d'exception, honneur de sa profession, que fut la journaliste Anna Politkovskaïa.* » Tout cela, bien sûr, vient du philosophe.

Donnant donnant, dit Ségolène. « *Élections, sommation* », préfère BHL. En échange de ses bons conseils et de sa formation accélérée, il enrôle la candidate au service des causes qui lui sont chères. Ainsi, lorsque dans son livre *Maintenant*, Ségolène Royal assortit la candidature turque à l'Union européenne de la reconnaissance du génocide arménien, elle use, pour parler de l'attitude d'Ankara, de cette fameuse expression que le philosophe a martelée à la Mutualité : « *négationnisme d'État* ». Mais il y a une autre cause plus brûlante, plus urgente encore : le Darfour. Pour BHL, la clé du génocide en cours se trouve à Pékin et dans les promesses que, une fois élus, les candidats se seront engagés à tenir. Pas simple. Le QG de Ségolène Royal, qui gère son emploi du temps surchargé, n'est pas très favorable à ce que la candidate se rende, le 19 mars, au grand meeting que l'intellectuel organise avec Urgence Darfour et un collectif d'organisations non gouvernementales à la Mutualité, à Paris. « *Elle n'a pas le temps* », disent les uns. « *Elle ne connaît pas le sujet* », arguent les autres. Le jour dit, il retrouve pour déjeuner Aurélie Filipetti, jeune conseillère de la candidate et se désole avec elle. « *Il faut que vous l'appeliez vous-même* », suggère la jeune femme. Il s'exécute et obtient enfin la promesse tant attendue. Le soir, sur l'estrade, elle rend hommage au « *témoignage poignant* » du philosophe militant sur le drame que connaissent les Darfouris.

Le philosophe reste fidèle à sa méthode. « *J'aimerais rappeler à Ségolène Royal qu'à quelques mètres de moi, elle a dit qu'elle serait favorable, si elle était élue, à des sanctions renforcées contre le Milosevic de Khartoum qui s'appelle le général Al-Bachir* », rappelle Bernard-Henri Lévy, le 9 avril, sur France Inter, avant finalement d'accorder publiquement son soutien à la candidate. « *Sur le Darfour, sur la Tchétchénie, sur l'Europe, sur la fracture sociale, je pense qu'elle a les positions les plus raisonnables et celles qui me semblent aller dans le meilleur sens*, ajoute-t-il en connaissance de cause. *C'est pour cela que je voterai pour elle.* » Elle s'est engagée pour le Darfour et l'a remis, lui qui ne connaissait bien que Sarkozy et que Hollande a toujours négligé, dans le jeu du pouvoir. Du gagnant gagnant, dirait la candidate.

15

Chaud-froid pour DSK

Le comédien Patrick Timsit a pris place en face d'elle, pas très loin de l'humoriste Smaïn, de l'éditeur Olivier Orban et de sa femme Christine. Le chanteur Bénabar représente la jeune scène musicale française dans ce dîner très parisien. C'est Daniela Lumbroso, l'animatrice de télévision et son mari, le socialiste Éric Ghebali qui reçoivent.

Voilà près de vingt ans que Daniela Lumbroso et Ségolène Royal se connaissent. Mère de famille nombreuse, la journaliste avait invité la seconde pour raconter, en 1998, son *Ras-le-bol des bébés zappeurs* à la télévision. Elle a appris ensuite à connaître le tout-Paris de la variété française, mais aussi BHL, Fred Vargas, et bien d'autres qu'elle réunit souvent, à dîner. Ségolène, qui voit déjà loin, a bien compris tout le profit qu'elle pouvait tirer de ces mondanités.

La candidate se tient bien droite, ravissante dans une robe échancrée qui laisse une épaule découverte, prête, dit-elle, « *à entendre toutes les questions* ». Timsit se lance : « *Pourquoi ne pas faire un ticket avec Strauss-Kahn ? Vous annonceriez qu'il ira à Matignon. Je suis sûr que pour les électeurs, cela pourrait marcher !* »

Pendant les deux mois qu'a durés le débat interne au PS, elle s'est entendu cent fois suggérer cette affaire du « ticket ». Elle n'ignore pas que, dans ces milieux aisés de la gauche parisienne, l'échec de Dominique Strauss-Kahn aux primaires socialistes continue de susciter des regrets. Dans toutes les enquêtes d'opinion, DSK est d'ailleurs le seul des ténors socialistes qui surnage, quand tous les éléphants continuent d'être boudés. Un sourire de façade accompagne la fin de non-recevoir : « *Pourquoi le prendrais-je comme mon numéro deux, alors qu'il se pense beaucoup plus intelligent que moi et rêve de la première place ?* »

Début janvier, alerté par la progression de François Bayrou dans les sondages, François Rebsamen est pourtant allé dire à Ségolène : « *Tu devrais laisser planer l'ambiguïté sur Strauss. Cela coupera l'herbe sous le pied des centristes.* » Il n'est pas le premier de son entourage à soutenir cette thèse. Plusieurs socialistes sont venus en ambassade plaider la cause de l'ancien ministre de l'Économie. Yvette Roudy, qui préside le comité de soutien de la candidate, a tenté une bonne demi-douzaine de fois : « *Pourquoi n'utilises-tu pas Dominique ?* » Des militants parfois glissent à Ségolène : « *Sur l'économie, c'est le meilleur.* » Même Arnaud Montebourg, qui n'en est pourtant pas fana, a suggéré de « *faire appel à DSK* ». Mais Ségolène préfère attendre. « *Si je lui donne le plus petit bout de pouvoir, il l'utilisera contre moi. Vous ne vous souvenez donc pas que ces types ont voulu me tuer ?* »

« *Elle n'a pas digéré le coup des fiches cuisine* », explique Sophie Bouchet-Petersen. Elle n'a pas apprécié non plus d'entendre Strauss-Kahn expliquer plusieurs fois dans les médias que s'ils avaient fait partie, à deux reprises, des mêmes gouvernements, il l'avait peu croisée parce qu'elle n'y « *exerçait que des fonctions subalternes, dans des petits ministères* ».

Strauss-Kahn, lui, encaisse mal son culot. Il se souvient mot pour mot de ce qu'elle lâcha devant les caméras, lorsqu'il fut pris dans le tourbillon des affaires de la MNEF, puis de la cassette Méry qui lui valurent une démission du gouvernement en novembre 1999 et deux ans de traversée du désert : « *La politique, on est là pour la servir et non pour s'en servir.* » Les strauss-kahniens soutiennent que, dès sa sortie du plateau, elle avait passé un coup de téléphone à DSK pour l'assurer que sa phrase avait été sortie de son contexte et visait... Jacques Chirac. « *Enfin,* soupire-t-il, *je ne suis pas rancunier, mais je ne suis pas amnésique non plus.* »

Ses amis l'ont remarqué pendant la compétition qui a opposé les trois prétendants : l'ancien ministre est totalement déconcerté par la stratégie de Ségolène. Face à un homme, il « *sait faire* ». La confrontation politique avec une femme le laisse démuni. DSK tient en outre Hollande pour responsable de l'avènement de sa compagne, l'accuse de l'avoir manipulé et d'avoir rompu le pacte qu'ils avaient passé avant le référendum sur la constitution européenne de 2005. « *On verra bien lequel de nous deux est le mieux placé pour la présidentielle »*, avait promis le premier secrétaire...

Du temps où « Dominique » sympathisait encore avec « François », les deux couples ne se fréquentaient pas. S'ils ont dîné trois ou quatre fois ensemble, c'est bien tout. Ils appartiennent, c'est vrai, à la même génération, mais pas tout à fait au même milieu. « Strauss » et surtout son épouse, la journaliste Anne Sinclair, sont riches. Ils se sont rencontrés sur le tard – deuxième mariage pour elle, troisième pour lui – et vivent sur un grand pied à la tête d'une famille recomposée de six enfants. L'appartement parisien qu'ils occupent, le riad luxueux qu'ils possèdent à Marrakech leur valent d'incarner la « gauche caviar », cette formule lapidaire inventée dans les années 1980. Anne entretient avec l'argent un rapport décomplexé et parfois maladroit.

Ségolène, arrivant à la gare de Poitiers le dimanche du premier tour, peut traverser plusieurs wagons pour descendre devant les caméras d'une voiture de seconde classe alors qu'elle vient de voyager en première. Anne Sinclair, pendant la campagne interne au PS, se rendait en Jaguar à la rencontre de la presse pour vanter les qualités d'homme de gauche de son mari...

C'est d'ailleurs elle qui, avec une partie des 1,86 million d'euros d'indemnités de licenciement obtenues de TF1 devant les prud'hommes, et une part de l'héritage de son grand-père, Paul Rosenberg – un grand marchand d'art de l'entre-deux-guerres –, a doté l'équipe DSK des quelques outils qui font les présidentiables : bureaux au cœur de Paris, sites Internet et enquêtes d'opinion. Elle le soutient sans faille, en véritable groupie, certaine de lui apporter sa vision de cette France profonde qu'elle appelle, en star du petit écran, le « grand public ».

Ségolène, elle, parle du « peuple ». Il y a comme une incompatibilité sociale et psychologique entre les deux couples, entre les deux femmes – Anne, son enfance américaine, ses bijoux et ses tenues haute couture ; Ségolène, son côté « tradi » et économe de fille d'officier… DSK ne possède d'ailleurs qu'un seul souvenir de rencontre privée avec Royal. C'était il y a près de vingt ans. La famille Hollande passait ses vacances dans la maison de Mougins. DSK et sa première femme dans la leur, à La Garde-Freinet. On s'était retrouvés pour la journée chez les Strauss. Un des enfants Hollande était tombé dans la piscine, manquant se noyer. DSK avait plongé et repêché le gamin. Pas rien. Fin du compagnonnage, pourtant. Depuis, Ségolène a toujours entendu François évoquer d'un air pincé ces strauss-kahniens qui naviguent entre la pub et les milieux d'affaires, « *sans scrupules et capables de tous les mauvais coups* ».

Ces souvenirs et ces malentendus pèsent donc toujours sur eux, lorsque le 11 janvier, Ségolène téléphone à Dominique Strauss-Kahn, en affectant un air dégagé : « *Tu fais le Grand Jury sur RTL, dimanche ?* commence-t-elle. *C'est bien. Comment vois-tu les choses ?* » Strauss supporte mal sa mise à l'écart, depuis deux mois. D'anciens étudiants ont cru le flatter en lui lançant : « *C'est bien, vous allez être plus disponible pour enseigner !* » Cela l'a terrifié. Il aimerait bien, tout de même, qu'elle ait les mots, les gestes, bref, qu'elle plie un tout petit peu le genou devant lui. C'est mal connaître son ancienne rivale. Elle se montre aimable, sans plus. Elle finit par évoquer la confusion sur la fiscalité qu'ont provoquée les propos de François Hollande, dans *Le Monde* et *Le Parisien*, fin décembre. Si lui, l'ancien ministre de l'Économie de Jospin, pouvait clairement redire que le retour des socialistes ne s'accompagnera pas forcément d'une hausse de l'impôt sur le revenu... Elle lui confierait bien aussi une mission économique, avec à la clé un rapport à lui remettre, dans, disons, un peu moins d'un mois... c'est-à-dire avant qu'elle ne rende publiques ses propositions, le 11 février.

« *Je ferai ce que tu jugeras utile que je fasse. Je ne peux pas dire mieux* », soupire DSK. Il n'a pas raccroché depuis dix minutes que la dépêche tombe sur le fil AFP : « *Ségolène Royal charge Dominique Strauss-Kahn de poser un diagnostic et de faire des propositions sur l'efficacité de la dépense publique et sur les réformes du système de prélèvement favorable à l'emploi, au pouvoir d'achat, à la justice sociale, à l'efficacité économique et à l'innovation.* » Un codicille précise que cette tâche sera menée « *dans le respect* » des objectifs du projet socialiste « *rappelés par le premier secrétaire du PS François Hollande* ». Mais il ne trompe personne. C'est bien pour contre-balancer les déclarations de son propre compagnon que Ségolène Royal a été contrainte de faire appel à son ancien rival. « *Elle me prend pour un pion pour sa communication !* » s'agace

« Strauss » devant ses lieutenants Jean-Christophe Cambadélis et Jean-Marie Le Guen. Puis, moqueur : « *Dites-moi, ils vivent toujours ensemble ?* »

C'est le début d'un long jeu de chauds et froids, de sourires puis de bouderies. Au Grand Jury de RTL, le 14 janvier, DSK exécute littéralement Hollande. « *En aucun cas, il ne faut augmenter les prélèvements obligatoires* », lâche-t-il du ton du professeur obligé de rattraper les bourdes de ses cancres. Quant à l'idée du patron du PS de créer une CSG-retraites, l'ancien ministre de l'Économie l'expédie aux oubliettes en une phrase : « *Je ne me souviens pas que cela ait été discuté.* » Mais il ne s'en tient pas au premier secrétaire. On l'interroge sur les voyages controversés de la candidate au Moyen-Orient et en Chine, où elle a salué la rapidité de la justice. « *Je ne me serais pas exprimé comme elle l'a fait* », lâche froidement son ancien rival qui ajoute, cruel : « *Je la soutiens parce que c'est ma famille politique.* »

C'est le 8 février que DSK doit remettre son rapport à la candidate. Il a stocké ses propositions sur une clé USB qu'il lui tend devant les photographes, supposant qu'elle n'en connaît pas exactement l'utilité. « *Le rapport que tu voulais est dedans* », lâche-t-il avec une pointe de condescendance. Avant la photo pour la presse, il a passé trois quarts d'heure avec elle pour lui expliquer les grandes lignes de son projet et les propositions sur lesquelles il pense qu'elle va pouvoir s'appuyer. Est-elle si béotienne en économie ? À la sortie, en tout cas, DSK ne cache pas son mépris à ses proches : « *Elle est nulle ! Elle n'imprime pas.*

Mitterrand ne connaissait rien en la matière mais, au moins, il faisait illusion sur le reste. »

Ce n'est même pas la peine que l'on rapporte ce genre de propos à Ségolène. C'est comme si elle les devinait sans les entendre. Elle « oublie » à nouveau ce soutien si peu enthousiaste. DSK, lui, est parti au Canada au cœur de l'Alberta. Au programme, conférences et ski. À deux mois de la présidentielle, il faut vraiment que Royal croie en ses seules forces pour que l'un des poids lourds du PS boude ainsi, à des milliers de kilomètres, le champ de bataille électorale.

À Paris, pourtant, c'est la panique. Gérard Le Gall, le « Monsieur sondages » du PS, a appelé partout au sein de l'équipe de campagne : « *Attention, elle dévisse !* » La candidate se résout donc à annoncer une modification de son équipe. Et rappelle DSK. « *Je veux reprendre l'organigramme,* annonce-t-elle, *es-tu d'accord pour animer le pôle économique ?* » Il n'en est pas question. « *Ne nous enferme pas dans des cases. Dis-nous ce dont tu as besoin et nous le ferons* », marmonne Strauss-Kahn. Ce dont elle a besoin, elle le lâche alors à l'ancien ministre de l'Économie estomaqué : « *Il faut que tu dises du bien de la candidate.* »

Le 22 février, elle dévoile la composition de son comité stratégique élaboré pour créer tardivement derrière elle l'illusion du rassemblement. La liste a été pesée au trébuchet par François Hollande. Il reproduit au plus proche la carte du Tendre et la psychologie du premier secrétaire. Premier de la file, Lionel Jospin. Vient ensuite Hollande lui-même, devant DSK et Laurent Fabius. Et revoilà

Strauss-Kahn noyé dans la masse d'un comité Théodule qui ne se réunira pas une seule fois de toute la campagne... Alors, lorsque François Bayrou assure qu'il « *apprécie* » DSK, et suggère qu'il pourrait le prendre comme premier ministre, Strauss laisse faire. Il mettra dix jours à sortir du silence, mais pas vraiment de l'ambiguïté. « *Il faut laisser monter ton prix et ta cote* », lui conseillent ses lieutenants en vrais commis boursiers.

Les strauss-kahniens se sont mis désormais à noter comme des greffiers les signes les plus saillants de cette relation impossible. Vexante, Ségolène a fait parvenir tout un dossier contenant ses déclarations afin que son ancien rival dispose, lui fait-elle dire, « *des éléments de référence de sa campagne* », avant ses interventions dans les médias. Lui qui fait régulièrement l'objet des éloges du *Financial Times*...

Intéressée, elle lui a demandé de passer au QG de campagne pour une réunion de son équipe et d'être présent pour une séance photo prévue avec le *Journal du dimanche*. Le lendemain, en deuxième page du journal dominical, « Strauss » découvre l'interview qui accompagne le cliché. À la question « *N'auriez-vous pas intérêt à dire que vous nommerez Dominique Strauss-Kahn si vous êtes élue ?* », elle n'oppose pas le moindre commentaire favorable pour l'ancien locataire de Bercy. Préférant s'évader et éluder plus généralement : « *Le PS ne manque pas de personnalités de talent, et je vous dirai le moment venu qui je choisirai.* »

La petite équipe qui entoure François Bayrou a vite compris sa chance. « *Elle punit DSK ? Faisons mine de le rallier à nous en redonnant encore son nom pour Matignon* », a conseillé la directrice de la campagne UDF, Marielle de Sarnez. « *Bien sûr qu'il dira oui, vous savez bien qu'il dira oui* », répète donc Bayrou. DSK s'en défend en de fausses coquetteries. « *C'est flatteur et gentil à François Bayrou de considérer que j'ai des qualités* », sourit-il en public. « *Elle m'a donné de la valeur* », traduit-il en privé.

Puisque Ségolène lui demande maintenant de l'aider pour sa campagne, il s'exécute en traînant les pieds. La défiance est largement réciproque. Pour leur premier meeting commun, le 16 mars, à Charleville-Mézières, il a débarqué la mine renfrognée, pendant que des dizaines de caméras se pressaient autour d'elle. À la tribune, après quelques mots, il salue son arrivée sur scène. Elle le ridiculise en le laissant attendre vingt secondes avant de monter là où on ne l'attend pas. À vrai dire, il a compris dès son arrivée dans l'est de la France que la journée serait difficile. Lorsqu'on lui a fait passer le carton d'invitation annonçant la réunion publique, sous le « Ségolène Royal » en lettres capitales, il n'y a même pas son nom. Dans la voiture qui la ramène, la candidate répète, butée et rancunière, à ceux qui s'inquiètent des effets de leur fâcherie la même chose que lors de son dîner parisien chez Daniela Lumbroso : « *Pourquoi le prendrais-je comme mon numéro deux, alors qu'il se pense beaucoup plus intelligent que moi et qu'il voulait la première place ?* »

16

« Alors, qu'est-ce qui intéresse les médias aujourd'hui ? »

Elle ne tutoie pas les journalistes, ne claque jamais la bise en public, et ne s'est mise à déjeuner que récemment avec les patrons de presse. Pas de connivence, ni de proximité vulgaire. Pas de « off » non plus sur les coulisses de sa campagne. Un jour, dans cette sorte de franchise sans nuances qui la caractérise, elle a décrit d'une phrase le rôle que, au fond, elle assigne aux médias. « *C'est vous qui écrivez l'histoire de cette campagne et je compte sur vous.* » Ségolène Royal aime la presse dans sa tradition très française, lorsqu'elle peint et qu'elle conte. Pas lorsqu'elle fouille.

La candidate peut téléphoner à une journaliste pour préciser le détail d'une enquête sur son enfance et lancer tout à trac : « *Mais pourquoi ne m'avez-vous pas demandé de relire votre papier ?* » Elle n'apprécie pas que l'on exhume ses contradictions passées, n'aime pas que ceux qui l'entourent fréquentent la presse : « *Il n'y a pas de journaliste ami.* » Elle voudrait aussi souvent réécrire sa légende, dont elle ne livre les détails que par bribes et avec parcimonie. La petite histoire de son parachutage dans les Deux-Sèvres, avant les législatives de 1998, compte au moins une dizaine de versions, jamais tout à fait semblables.

Son entourage a pris l'habitude de faire passer ses messages. On s'est avisé de rapporter un mot désobligeant qu'elle a prononcé devant témoin contre Dominique Strauss-Kahn ? Dominique Bouissou, l'une de ses attachées de presse, se charge d'appeler le rédacteur importun : « *Mme Royal ne souhaite plus que l'on écrive cette phrase.* » *Le Parisien* publie un écho racontant que la candidate a rallié « *Clermont-Poitiers dans la nuit, dans un jet privé de la société Air Taxi* » ? Jean-Louis Bianco s'insurge sans démentir : « *Mais comment publier cela, vous n'y étiez pas !* »

La candidate et son staff excellent dans cette distribution subtile de bons et de mauvais points. Un journaliste de France 2 a voulu l'interroger, en vain, sur la genèse du Contrat Première Chance qu'elle vient d'improviser, avec Jean-Louis Bianco et Juliette Méadel, dans la voiture qui l'emmenait en Creuse ? « *Tes questions étaient nases...* », souffle l'attachée de presse Agnès Longueville à l'impudent. Un article de quotidien relate la désorganisation qui règne dans son équipe ? Cette fois, c'est Julien Dray qui porte la charge : « *Quand arrêterez-vous d'écrire ces articles de merde ! Vous faites la campagne de Sarkozy ou quoi ?* »

Dans la troupe des journalistes qui la suit, personne n'ignore le culot de Ségolène ni sa manie de mentir, parfois contre les évidences. Le 22 mars, elle se rend en meeting à Marseille. Deux quotidiens, *Le Parisien* et *Libération*, rapportent que, le lendemain matin, elle se recueille à Notre-Dame de la Garde, la basilique qui domine la ville et y a fait, comme elle l'a confié elle-même, un vœu. « *Il ne faut pas croire tout ce que racontent les journalistes !* » rétorque-t-elle sans se démonter trois jours plus tard sur RTL, quand on l'interroge sur le sens à donner à cet épisode.

Parfois, les rappels à l'ordre sont très directs. Le 29 septembre 2006, la journaliste Nathalie Ségaunes publie dans *Le Parisien* un article intitulé « Elle plane, il a le blues ». Elle y rapporte notamment, sans le nommer, ce que Julien Dray répète partout sur la lutte sourde que se mènent Hollande et Royal dans la bataille pour l'investiture. Et entre autres cette phrase que le conseiller attribue à Ségolène : « *Si François fait cela, il ne reverra plus ses enfants.* » La candidate téléphone elle-même au directeur de la rédaction, Dominique de Montvalon : « *Je ne veux plus que cette journaliste suive ma campagne.* »

Cette fois, elle ne veut pas de droit de réponse. Elle exige des excuses. Et pour que les choses soient plus sûres, fait rédiger par son ami et avocat Jean-Pierre Mignard une lettre signée du *Parisien*, dans lequel le journal, qui n'a pas eu son mot à dire, présente ses regrets. Le courrier a été assorti d'un petit mot : « *Merci de publier ce texte avant mercredi, assorti d'une photo afin qu'il soit visible...* » Évidemment, le journal n'en fait rien, publie un classique droit de réponse et conserve la journaliste à son poste. Mais la nouvelle circule parmi les confrères : il n'est pas bon de s'attaquer à la famille Royal, même si c'est la candidate, la première, qui a exposé sa famille et qui l'a ensuite enrôlée – comme son fils aîné, Thomas – dans son aventure politique.

Le 12 avril, à quelques jours du premier tour, *L'Express* publie les feuilles d'impôt des principaux candidats pour les années 2002, 2003 et 2004. Ces informations sont accessibles à tout citoyen résidant dans la commune des intéressés. Mais les journaux ne peuvent pas révéler le montant de l'impôt acquitté sans l'accord des personnes concernées, sous peine de poursuites. François Bayrou, Nicolas Sarkozy et Jean-Marie Le Pen donnent le leur. Pas Ségolène Royal. Son directeur de cabinet, Christophe Chantepy, appelle la direction du journal, argue que les documents en sa possession sont « *incomplets* ». « *Les informations que nous avions transmises à Mme Royal étaient très précises* », écrit au contraire l'hebdomadaire. Au sein même de l'équipe Royal, le trouble s'installe sur ce secret si bien gardé…

Ségolène Royal possède une vision très utilitariste de la presse. « *Écrire l'histoire* » de sa campagne vue du « Ségotour », voilà qui lui convient. Mais surtout pas de secrets de fabrication. À chaque élection présidentielle se construit une petite communauté de journalistes, plus ou moins solidaire, chargée de suivre chaque candidat pas à pas. En 2007, les retards incessants de Ségolène, ses rendez-vous ajournés, ses sautes d'humeur finissent par les agacer. « *Tout va bien ?* » se préoccupe-t-elle donc gentiment pour s'excuser de ces atermoiements. Mais, au déplacement suivant, elle ne se soucie plus à nouveau que de l'emplacement des caméras.

Lorsqu'elle était ministre de l'Environnement, en 1992, elle ouvrait le matin chaque réunion de cabinet par un : « *Alors, qu'est-ce qui intéresse les médias aujourd'hui ?* » Ses collègues du gouvernement avaient fini par la surnommer « *Baby Lang* » parce que, comme le ministre de la Culture, elle n'avait pas son pareil pour créer l'actualité et trouver sa place au JT. Son attachée de presse, Annick Lepetit, manifeste quelques états d'âme lorsque la ministre, enceinte, propose, à l'été 1992, d'accueillir *Paris-Match*, les caméras de TF1 et France 2 pour la filmer le lendemain de son accouchement. Ségolène Royal s'étonne. Quoi ? Une simple photo pour le *Journal des Deux-Sèvres* ? « *Mais enfin, tu n'y penses pas ! Une ministre qui accouche, c'est un événement !* »

Cette femme a une belle intuition, et du flair. Sous François Mitterrand, puis en 1997 avec Lionel Jospin, elle hérite de ministères ou de secrétariats d'État tenus pour secondaires : Environnement, Enseignement scolaire, Famille. Ségolène Royal comprend la première l'avantage qu'elle peut en tirer. Petits ministères, oui, mais ministères du journal télévisé. Mieux que personne, elle saisit que c'est ainsi que, pendant que ses collègues déjeunent ou dînent à la Closerie des Lilas ou au Dôme avec des puissants, on se construit auprès de la France qui vote une notoriété et une popularité.

Sans aucune gêne – c'est son charme –, elle a donc occupé ses années 1980 sur les plateaux de télévision. On l'a vue ainsi aider un chien à grimper une échelle devant les caméras, danser, chanter, sortir d'un cabas miel et chabichou du Poitou... Elle est passée à « La haie d'honneur », sur TF1, avec Jean-Luc Lahaye, pour un « Spécial Michèle Morgan » ; à « Panique sur le seize », l'émission de Christophe Dechavanne, après un détour à « Sacrée soirée » de Jean-Pierre Foucault... Elle a accepté sans hésiter l'invitation de « Salut les artistes », sur France 2, et même apporté, en 1993, dans « Surprise sur prise », un ballet de chippendales. En 2003, elle a bien tenté sans succès de tenir en respect les vulgarités de Sébastien Cauet qui l'a conviée sur TF1. Mais, le 4 août 2004, au lendemain de sa victoire aux régionales, c'est encore elle qui a traîné François Hollande sur le plateau de l'émission « Sagas »...

Depuis qu'elle est candidate, sollicitée par les journalistes politiques et les médias du monde entier, les choses forcément doivent changer. Comme beaucoup d'élus qui savent qu'une consécration politique réclame du temps, Ségolène Royal garde pourtant la nostalgie de la campagne des primaires. Lorsqu'on était entre soi. Avec les *embedded* (les « embarqués », formule américaine qui désigne les correspondants de presse), ceux qui ont connu avec elle les épreuves, partagé son doute et les mêmes joies devant la victoire, se tisse toujours un lien un peu particulier. Ceux-là sont choyés, parfois raccompagnés dans son avion privé, quand le gros du groupe doit passer la nuit dans des hôtels improbables.

La candidate voudrait imposer ses règles. Mais, si elle connaît les patrons de presse, c'est d'abord François qui les a fréquentés. Elle reste une fille de la télévision et de l'image, de la culture populaire bien plus que des rituels de l'establishment. Elle a longtemps écouté, silencieuse et peu à l'aise, ce babillage facile et parfois si futile, ces agilités si parisiennes. C'est « *François* » qui tutoie Alain Duhamel, déjeune avec le patron du *Point*, Franz-Olivier Giesbert, dîne avec celui de *Libération*, Laurent Joffrin, ou celui du *Monde,* Jean-Marie Colombani. À ces deux-là, elle pardonne d'avoir aimé François, puisque leurs journaux la soutiennent aujourd'hui. Elle apprécie aussi que le patron de France Culture, David Kessler, assiste, le mardi matin, rue de Solférino, aux réunions de préparation de « la rencontre des mille » artistes, le 12 mars, au gymnase Japy. Mais les autres…

La mémoire de Ségolène est longue. Très longue. À deux « stars » du journalisme, elle ne veut pas pardonner. Elle accuse Nicolas Beytout, le directeur de la rédaction du *Figaro*, et Jean-Pierre Elkabbach, le président de Lagardère médias et d'Europe 1, de « *rouler pour leur ami Sarko* ». Ils se sont montrés avec elle condescendants et machos, estime-t-elle en outre devant quelques intimes. Il est vrai que, lorsque le premier l'a conviée un jour au Grand Jury RTL-*Le Figaro*-LCI, il l'a harcelée de questions sur les moyens de relancer la croissance, levant ostensiblement les yeux au ciel devant ses réponses.

Elle n'a pas apprécié non plus, que, pendant que sa campagne connaissait des ratés, au creux de l'hiver, ou, plus tôt, dans la course à l'investiture, certains doutent à ce point d'elle. Le 28 octobre 2006, sur le plateau du Grand Rendez-vous TV5-Europe 1-*Le Parisien*, au lendemain du meeting où des militants organisés par DSK l'ont pour la première fois chahutée lors d'un débat public, elle est l'invitée de Jean-Pierre Elkabbach, qui cache mal depuis quelques mois l'agacement que la candidate lui inspire. « *Est-ce que vous pensez qu'on est en train d'aller vers un second tour pour vous à l'intérieur du parti ?* » « *Et si la machine à gagner n'élit pas Ségolène Royal ?* »

C'est une question. Pour elle, c'est une insulte. Quelques jours plus tard, alors qu'elle partage ses impressions avec quelques journalistes, pour l'un de ses entretiens informels qu'elle accorde avec parcimonie, une silhouette se profile. C'est le patron d'Europe 1. Ségolène se raidit et souffle à son auditoire : « *Chut… Voilà le mouton…* » « *Le mouton* », c'est le mot que l'on emploie dans les prisons pour parler de ces mouchards qui rapportent à la direction les conversations des détenus…

Le 31 janvier, alors qu'elle chute dans les sondages, *L'Express* pose cette question en couverture : « *Tiendra-t-elle ?* » Le lendemain, à Grenoble, elle fustige ces « *médias amis du pouvoir* » qui s'interrogent sur ses capacités.

Elle préfère la « base » aux patrons, les journalistes – souvent des femmes – sans fonctions hiérarchiques à leurs supérieurs arrogants. Les reporters de terrain aux éditorialistes. « *C'est trop compliqué pour vous [...]. Vous avez une vision un peu dépassée de la politique [...]. Vous êtes dans un petit cercle parisien [...] et vous n'êtes jamais allés dans les débats participatifs au contact des gens* », lance-t-elle à Jean-Michel Aphatie et Nicolas Beytout, le 25 mars, dans le studio de RTL.

Maintenant qu'on cherche sa main, son regard, elle en profite. Et savoure. Elle annule un entretien au journal télévisé de TF1. Son équipe s'offre même le luxe, un jour, de récuser le journaliste économique Jean-Marc Sylvestre, jugé « trop libéral » pour l'interroger aux côtés de PPDA et de François Bachy. Quelque temps plus tard, l'attendent au siège de la chaîne Étienne Mougeotte et une bonne partie de la direction, alignés en rang d'oignon. Le salut est froid, mais chaleureux et souriant pour les « rubricards » politiques : ce sont eux, leurs images, leurs mots, leurs cadrages, qui comptent bien plus que les politesses de leurs patrons...

Cette méfiance, Ségolène Royal a décidé, au fil de sa campagne, de la mettre en scène. Dans les études qualitatives qu'on lui livre, dans les « cahiers d'espérances », le gros bottin bleu qu'on lui a remis, après ses « débats participatifs », dans les notes de veille Internet qu'on lui soumet quotidiennement, elle lit et relit la méfiance, jusqu'à l'hostilité souvent, que les Français entretiennent désormais avec la dernière institution à n'avoir pas été balayée par le vent des années 1990 : les médias.

Comme Jacques Chirac en 1995, comme Jean-Pierre Chevènement en 2002, comme François

Bayrou en 2007, elle mène campagne contre la presse d'élite et l'élite dans la presse. J'indispose Elkabbach, Duhamel me maltraite, FOG me méprise ? C'est donc que je suis une femme aimable. « *Tu ne l'aimes pas, parce que c'est la seule que tu ne peux pas contrôler* », a ri un jour le patron du *Monde*, Jean-Marie Colombani, devant son ami Alain Minc.

Comme tous les candidats, elle a constaté que, dans les meetings, critiquer la presse assurait des records à l'applaudimètre. Ségolène Royal chouchoute le nouveau média de l'ombre, Internet, et réserve ses coups de griffe aux médias que les internautes méprisent tant : la presse écrite, la radio et la télévision. « *Ceux d'en face, à droite, et leurs relais dociles dans les médias, m'avaient déjà congédiée*, lance-t-elle le 6 février à Paris. *Vilipendée dans des publications sordides, à la une des hebdomadaires liés au pouvoir... Pour ce conglomérat de la finance et des médias, il y a tellement à perdre si la gauche gagne !* »

« *Je ne vous dérange pas trop ?* » Dans le studio d'Europe 1, le 1er avril, la candidate s'interrompt pour interroger Elkabbach et ses acolytes, qui se passent des petits papiers pour régler les questions. « *Attention ! Nous allons être punis ! Nous allons avoir une mauvaise note !* » raille en retour Elkabbach à l'antenne. Le 18 avril, elle renonce au dernier moment à donner l'entretien promis au *Parisien* et au *Figaro*. Elle ne le « *sent* » pas, ne veut pas se laisser enfermer comme Lionel Jospin dans une campagne programmée et amidonnée.

La direction des deux quotidiens s'agace, le lendemain, dans leurs pages, de ces promesses non tenues ? Qu'importe ! Les représentantes des deux titres ne sont pas conviées à la visite que Ségolène Royal improvise, ce jour-là, à Auchan. Mieux : lorsque Patrick Poivre d'Arvor l'interroge le soir sur TF1 sur le sens de ces « faux bonds », elle argumente : « *Je suis une femme libre. Ce n'est pas tel ou tel journal qui définit mon rythme de campagne. Au lieu d'aller donner des interviews, je suis allée voir des caissières de supermarché. Je ne dépends d'aucun groupe de pression et d'aucun groupe financier.* » Les caissières avant les patrons de presse « *vendus aux puissances de l'argent* » ? Une parfaite mise en scène et un fin résumé de ce qui plaît aux Français.

17

Le « cas Besson »

« *Ça part comme des sacs de riz au Sahel* », se félicite Olivier Nora, dans les travées du Salon du livre. Le P-DG des éditions Grasset peut se réjouir : le livre d'Éric Besson caracole en tête des listes de meilleures ventes depuis qu'il est sorti, à la fin du mois de février. Plus de 130 000 exemplaires vendus en moins de deux mois. *Qui connaît Mme Royal ?* interroge le titre en couverture. À lire la réponse, à l'intérieur, les socialistes ont de quoi inquiéter.

C'est la première fois, de mémoire de la Ve République, qu'en pleine campagne électorale, on assiste ainsi à un tel règlement de comptes public entre une candidate et l'un de ses conseillers. « *Désorganisée* », « *cynique* », « *ignorante* », « *dangereuse* », Éric Besson a appuyé tous les traits dans le portrait ravageur qu'il trace d'elle. Le député de la Drôme était jusqu'alors un des jeunes espoirs du PS. Un de ces très rares cadres du privé ayant rejoint le parti pour animer les rangs de ses économistes. Un second rôle, certes, mais enfin le représentant de cette nouvelle génération censée prendre la place des éléphants. Et le voilà devenu le plus acerbe contempteur de la « révolution royaliste »...

Au *Nouvel Observateur*, c'est peu dire que le livre a été accueilli avec de la froideur. Le 15 décembre 2005, bien avant que Ségolène Royal n'ait déclaré sa candidature aux primaires du PS, la couverture du magazine, reproduite sur des centaines de dos de kiosque en France, affichait ce titre glorieux : « *Et si c'était elle ?* » Cette fois, c'est un journaliste de l'hebdomadaire, Claude Askolovitch, qui s'est enfermé pendant trois jours avec Éric Besson, dans sa maison de la Drôme, pour l'accoucher de son brûlot. L'information prime sur les engagements du magazine, qui a depuis toujours accompagné les socialistes. Et tant pis pour le tapage et les effets que produira le livre sur la campagne.

Du tapage, il en produit en effet, ce livre qui raconte la bataille vue des réunions de la rue de Solférino. Mais Ségolène n'a pas vu le coup venir. « *Cela n'intéressera personne* », a-t-elle assené à ses troupes en apprenant le projet éditorial de l'ancien secrétaire national à l'économie du PS. Elle se trompe, bien sûr. Alors que sa campagne s'improvise dangereusement sans que personne, à l'extérieur, n'en devine rien autrement que par des rumeurs, alors que la désorganisation qui sévit dans les équipes ne filtre qu'à peine, le témoignage du conseiller démissionnaire propose la première plongée dans les coulisses de sa campagne.

Si l'on reprend le cours de l'histoire, le « cas Besson » s'est noué le 14 février. « *Un jour de Saint-Valentin* », note lui-même le nouvel adversaire de Ségolène comme pour mieux souligner l'ironie de son désamour. Ils sont une vingtaine de responsables socialistes autour de la table, dans la salle Marie-Thérèse Eyquem du PS. Éric Besson est arrivé avec quelques minutes de retard à une réunion du secrétariat national du parti, les traits tirés par la fatigue.

Il a pris place aux côtés de Jean Glavany. Celui-ci, mitterrandiste devenu jospiniste, n'en finit pas de critiquer la campagne. Il n'a jamais apprécié Ségolène Royal et depuis son investiture, il juge que rien ne va. Devant François Hollande, qui préside la séance, il conteste donc tout : les improvisations incessantes, le manque d'information, les gaffes, les maladresses des équipes Royal. Besson n'avait pas forcément prévu de s'exprimer, mais la charge de Glavany l'a galvanisé. Il se lance à son tour et jette tout à trac : « *Tout ça me gonfle !* »

La veille, lors du bureau national du PS, Besson n'a pas pu placer un mot sur le sujet qui lui tient à cœur : le chiffrage du projet de la candidate. Le 11 février, elle a en effet détaillé ses 100 propositions à Villepinte. Chargé des argumentaires économiques, Besson aurait au moins voulu en discuter, avant de répondre aux médias qui l'assaillent. Mais Pierre Mauroy a pris la parole pour dire avec assurance que « *l'économie ne compte pas. Nous autres, socialistes, nous ne devons penser qu'au social. Il ne faut pas s'attacher aux chiffres, on trouvera toujours des techniciens pour les adapter* ». Technicien ? Besson a pris la pique pour lui. Il n'en a pas dormi.

Ce n'est pas tout à fait un technocrate, mais c'est un homme qui prend ses dossiers au sérieux. Sans brio particulier, mais avec de la solidité dans les démonstrations. Il fait partie de ces bébés Jospin, comme les députés Bruno Le Roux et André Vallini, qui ont voté sans faillir tous les projets de loi de la législature 1997-2002, et dont on murmurait, quelques mois avant la dernière élection présidentielle, qu'ils pourraient bien, en cas de victoire, entrer dans un gouvernement dirigé par François Hollande. Combien d'heures n'a-t-il pas passées sur les bancs de l'Assemblée nationale ? Combien de nuits blanches à défendre la rédaction d'un alinéa dans le texte d'un projet de loi, avant de surveiller son adoption en l'état ?

Aujourd'hui, il ne comprend pas l'improvisation qui règne au « 2-8-2 ». On n'accuse même pas réception de ses notes. On lui demande de chiffrer des mesures qui paraissent tomber du ciel. Le 11 février, à Villepinte, il n'a appris qu'à l'heure du déjeuner les 100 propositions qu'allait annoncer la candidate l'après-midi même. Cette journée, il l'a vécue comme une séance d'humiliation collective. À midi, après avoir supplié le directeur de campagne Jean-Louis Bianco de lui donner au moins les mesures principales du programme, il les a découvertes presque en même temps que ce dernier, dans le brouhaha du buffet autour duquel se pressait « *la cour de Ségolène* », dit-il, à la manière d'un cocktail mondain. Patrick Mennucci était accompagné de sa femme, et les jeunes de la

Ségosphère sifflaient les bouteilles de Coca pendant que Bianco égrenait les mesures économiques et sociales de la candidate... Inaudible.

Dans les jours précédents, il s'est aussi pris de bec avec le conseiller écologiste de Royal, Bruno Rebelle. Rebelle est l'ancien directeur de Greenpeace France, Besson, comme beaucoup d'élus socialistes, est un pro-nucléaire. L'écologiste a rédigé la dernière lettre qui engage la signature de Ségolène Royal au Pacte écologiste de Nicolas Hulot, en janvier. Il l'a fait selon ses convictions et avec l'aval de la candidate. Mais ce faisant, il a engagé la gauche dans une augmentation jusqu'à 50 % en 2020 des énergies renouvelables. Jusque-là, les socialistes s'étaient engagés jusqu'à 20 %, en conformité avec les directives européennes. Royal a en outre annoncé la prochaine fermeture de la centrale nucléaire de Fessenheim, en Alsace. Sans prévenir le maire PS de Mulhouse, Jean-Marie Bockel, et en semant la panique dans la Manche, qui attend l'implantation du nouveau réacteur EPR. Il a obtenu finalement qu'à Villepinte, Ségolène revienne aux 20 % initiaux. Mais le dossier de l'EPR demeure en suspens. Et en travers de la gorge du conseiller socialiste.

Ce 14 février, Besson veut donc qu'on l'écoute enfin :

« *Dans les interventions d'hier,* lâche-t-il, tendu, *il y a eu deux catégories. Les cireurs de pompes, c'est un grand classique, mais je n'insisterai pas. Je commence à avoir un peu d'expérience : je sais que les cireurs de pompes jusqu'à l'élection seront en même temps les premiers à cogner si l'élection se déroule mal.* »

Puis, il appelle au réalisme ses camarades :

« *Vous ne voulez pas répondre sur le chiffrage de nos propositions comme s'il s'agissait d'un complot sarkozyste. Mais enfin, il est logique que les médias nous en parlent, puisque la candidate a elle-même évoqué la dette, la production de richesses et la réconciliation avec l'entreprise.* »

Hollande, qui paraissait agacé, est maintenant franchement tendu. Mais Besson n'en a pas terminé :

« *J'en ai marre de cette succession de réunions, cette absence de coordination, ce temps perdu !* »

Hollande l'interrompt :

« *Écoute, il n'y a pas de place pour les états d'âme. Une campagne nécessite la loyauté absolue.* »

Puis, pour l'enjoindre de se taire :

« *Tu es bien conscient que ce que tu es en train de dire ici va filtrer à l'extérieur...*

— *Il faudra que tu m'expliques un jour où est le lieu où on a le droit de dire ce que l'on ressent sur une campagne sans être soupçonné de sabotage*, lance maintenant Besson en se levant. *Je m'en vais.* »

Il n'est pas encore 10 heures du matin. Quelques minutes plus tard, sa lettre de démission, envoyée par fax, est entre les mains du premier secrétaire et du numéro deux du parti, François Rebsamen.

Le député de la Drôme n'en est pas à son premier coup d'éclat. Ses amis, ses camarades du PS, les journalistes connaissent depuis longtemps son extrême susceptibilité. Un mot peut le froisser. Un manque d'attention le blesser. Besson est un de ces affectifs à fleur de peau que l'on croise souvent en politique. Il réclame autant la reconnaissance que ce qu'il appelle la « *tendresse fraternelle* ». De lui-même, en outre, il n'a pas une piètre opinion. Lorsqu'il a raté l'ENA, il s'est offert une demi-page de publicité dans *Le Monde* pour affirmer : « *Je ferai carrière autrement.* » Il n'aime pas beaucoup qu'on le reprenne lorsqu'il parle. Mais c'est un gros travailleur, intelligent et sérieux, qui, au sein de son parti, a su se faire respecter.

Comme pour beaucoup d'amis ou d'admirateurs du premier secrétaire, la primaire socialiste a été pour lui une torture. En 1980, le prof Hollande a en effet enseigné l'économie à l'élève Besson, à Sciences-Po. Il l'a charmé, comme il l'a fait pour toute une génération d'étudiants de la rue Saint-Guillaume. Besson a donc frayé avec François et Ségolène dans les clubs Témoins, avant d'adhérer au PS en 1993, mais c'est François qu'il juge « *intelligent, lumineux, synthétique, drôle* ». Il est si peu un partisan de Ségolène que, à quarante-huit ans, il est même l'un des rares de sa génération à avoir plaidé sincèrement pour le retour de Lionel Jospin. En mars 2006, il a rendu visite à Daniel Vaillant pour l'alerter : « *Chaque jour qui passe, nous perdons des soutiens.* » L'ancien ministre de l'Intérieur n'a pas voulu le croire. Et il a assisté, impuissant, au dégonflement de la candidature de son favori.

En juin, il a fait part de ses doutes à François Hollande :

« *Je n'adhère pas à la campagne de Ségolène. C'est un peu ridicule de te le dire à toi qui es son compagnon, mais c'est ma vérité. Si elle est élue, je n'y croirai pas. Et si elle est battue, on s'achemine vers un congrès socialiste de merde...*

— Attends. D'abord, nous ne sommes pas sûrs de sa désignation..., l'a apaisé Hollande. *Mais si c'est le cas ? Si sa popularité d'aujourd'hui ne se dément pas et que c'est elle notre candidate ?*

— Écoute, pour ma part, je serai évidemment solidaire de cette aventure. Pour des raisons personnelles et familiales que tu comprends bien. »

Depuis, Besson se dit régulièrement qu'il a « *envie d'arrêter la politique* ».

C'est sans doute pour cela que Hollande prend sa démission au sérieux. Depuis qu'il a reçu sa lettre, il tente désespérément de le joindre. Puis lui envoie une série de textos : « *Je te demande, dans ce moment si important, de revenir sur ta décision.* » Hollande croit-il vraiment à ce qu'il pianote, ce jour-là, sur son téléphone portable ? En tout cas, il lui envoie encore : « *Je refuse de me séparer de celui avec qui j'ai travaillé si loyalement. Je vais tout reprendre en main. Attends.* » Tout reprendre en main...

Il ne contrôle pas, en tout cas, le contre-feu que Julien Dray et François Rebsamen ont déjà allumé. Le député de la Drôme a confirmé sa démission à l'Agence France-Presse, en invoquant « *des raisons personnelles* », pour ne pas gêner le premier secrétaire et ne pas nuire à la candidate. Alors ils se déchaînent. « *C'est un truc d'ego* », affirme Julien Dray qui explique à quelques journalistes que Besson traverse des difficultés conjugales avec son épouse Sylvie Brunel, ex-dirigeante d'Action internationale contre la faim. Rebsamen laisse entendre de même sur France Inter. Arnaud Montebourg rappelle de son côté que Besson fut président de la Fondation Vivendi, juste avant le scandale qui a éclaboussé l'entreprise. Le démissionnaire, à qui des journalistes rapportent l'affaire, envoie un avertissement par courriel aux principaux dirigeants du PS dans lequel il menace de « *répliquer* » et conseille de « *faire passer le message* ».

Il va finalement s'en charger lui-même. Le lendemain de la démission du conseiller économique du PS, le 15 février, Ségolène Royal, en déplacement près d'Amiens, est sommée de réagir. Et comme souvent, la candidate cherche à esquiver d'une pirouette. Elle prend à témoin les salariés de l'usine qu'elle visite : « *Vous connaissez M. Besson ? Personne ne connaît M. Besson ! Moi, je m'occupe des vrais problèmes...* » Et puis : « *Il faut un peu plus de discipline [...], de l'ordre juste partout au Parti socialiste comme dans le domaine économique.* » La candidate socialiste ne reviendra plus sur le sujet. Dans sa tête, elle l'a déjà remplacé par le trésorier du parti, Michel Sapin, un homme dont elle sait la fidélité certaine.

« *Vous connaissez M. Besson ?* » Ce sont quatre mots de trop. La droite voit tout de suite le parti qu'elle peut en tirer. Croisant des socialistes dans les couloirs de l'Assemblée nationale, Sarkozy rigole : « *Surtout, ne changez rien...* » Mais, dans le même temps, il fait passer au député de la Drôme un message d'amitié. Le conseiller du PS pour les questions économiques connaît le candidat UMP depuis quelques années. Il est l'un des rares socialistes issu du secteur privé. Il a travaillé pour Renault Véhicules industriels, créé un journal, *Challenges*, racheté ensuite par le groupe Perdriel, a exercé le métier de chasseur de têtes. Après un voyage aux États-Unis, il a eu l'idée de fonder un club « générationnel », le Club des 40, réservé aux jeunes dirigeants quadragénaires les plus en vue. Jean-Marie Messier, P-DG de Vivendi, en fait partie. C'est lui qui lui a présenté Nicolas Sarkozy.

Entre le député et le ministre, les relations sont complexes. Besson est un « réformiste de gauche », mais il a toujours admiré le talent du président de l'UMP. Devenu secrétaire national du PS à l'économie, un poste qu'occupèrent, avant lui, Dominique Strauss-Kahn ou François Hollande, on l'a chargé de piloter un rapport sur les « *inquiétantes ruptures de Nicolas Sarkozy* ». Vendu en kiosque, il s'arrache – ironie de l'histoire – comme un premier best-seller. Ses 95 pages sont une charge contre le candidat de l'UMP. On y lit des attaques nauséabondes, comme : « *Sarkozy est un néoconservateur américain avec un passeport français.* » Besson en a été finalement si gêné qu'il s'est excusé dans une lettre où il tutoie l'ancien ministre de l'Intérieur. Ni avec toi ni sans toi.

François Bayrou téléphone à son tour, trois jours plus tard, pour convier Éric Besson à venir le rencontrer. Bayrou cherche avidement des personnalités pour étoffer ses équipes et crédibiliser sa candidature à la présidentielle. Mais il n'a pas le temps de glisser la moindre proposition : le socialiste en rupture de parti lui explique qu'il arrête la politique, qu'il s'en va dans le privé. Ce n'est pas seulement un divorce avec Royal ou avec le PS qu'il dit avoir engagé. C'est la fin d'une vie de réunions, de séances à l'Assemblée, de rencontres avec ses électeurs, dans sa permanence de la mairie de Donzère, et de ses rêves de ministre. « *Une vie gâchée* », lui avait lancé il y a quelques années sa fille aînée, Alexandra, en écrivant, à treize ans, sous le pseudonyme d'Ariane Fornia, un roman à clés.

Ségolène, qui se décide enfin à le rappeler, ne trouve qu'un répondeur sur lequel elle laisse un message. « *Mon cher Éric, il y a un malentendu. Comprends le contexte, je ne pouvais pas parler de toi devant les ouvrières que j'étais venue voir. Rappelle-moi.* » Elle ne recevra aucune réponse. Ou seulement une réplique en forme de gifle. Deux jours après le premier tour, Éric Besson monte à la tribune où le candidat de l'UMP tient meeting, à Dijon, le 24 avril. Et, devant une salle interloquée par sa conversion, lance : « *Forza Nicolas !* » Plutôt le spectre d'un Silvio Berlusconi, en somme, que la promesse de la gauche à la mode Royal.

Traître à son parti et à ses engagements passés, Besson vient de trouver le candidat qui flatte enfin son orgueil quand Ségolène refusait de le considérer. Désormais au service de l'adversaire, toute honte bue devant les anciens camarades socialistes horrifiés, l'ancien conseiller n'a pas fini de se venger.

18

« Que se passe-t-il avec François ? »

Hollande a haussé le ton et serré les poings. Cela lui arrive très rarement, lui habituellement si égal et urbain. Mais il ne se contient plus face aux intrusions de Julien Dray dans sa vie. Ce 11 avril, lors de la réunion de son équipe de campagne, Ségolène Royal s'est inquiétée que l'on charge trop son agenda. Éternelle plainte des candidats éreintés, que leurs équipes envoient aux quatre coins de la France... « *J'en fais trop,* soupire-t-elle, *concentrons-nous sur ce qui rapporte électoralement.* » Et il y a justement cette journée prévue dans quatre jours à Arras, dans le Pas-de-Calais.

« *Écoute,* plaide François Rebsamen, *c'est une demande du premier secrétaire...* » À trois pas de la candidate, Julien Dray ronchonne : « *Il nous fait chier, celui-là, avec ses petits calculs.* » Ségolène a pris l'habitude d'entendre les membres de son entourage critiquer François Hollande. Fatiguée, la candidate ne relève pas et temporise : « *Il faudra en parler avec François.* »

Quelques heures plus tard, à la sortie du conseil politique de la campagne, elle s'isole à l'écart avec le premier secrétaire. Malgré la tension qui traverse le couple, elle continue à le consulter régulièrement sur sa campagne. Ils discutent donc de cette fameuse échappée dans le Pas-de-Calais. Hollande insiste : « *Il faut absolument que tu t'y rendes. Tout le monde t'attend, tu ne peux pas annuler !* » Le Pas-de-Calais est une terre populaire, berceau du vote ouvrier. C'est aussi là que se trouve l'une des plus grosses fédérations du PS. La région compte dix députés socialistes sur quatorze, les législatives approchent et le chef du parti ne l'a pas oublié.

Julien Dray s'est approché d'eux. Depuis qu'il a choisi d'aider Ségolène, il s'exaspère de l'influence que conserve encore son compagnon. Il veut entretenir avec elle un rapport d'exclusivité, comme celui qu'il avait lui-même établi autrefois avec Hollande. Il a choisi Ségolène contre François, il aimerait que Royal consacre son choix en prenant à son tour ses distances politiques avec le premier secrétaire. « *Elle n'ira pas dans le Pas-de-Calais ! Elle est crevée et on n'en a rien à foutre du Pas-de-Calais* », lance donc « Juju ». « *C'est important pour le parti* », réplique Hollande agacé. Dray, soudain désinvolte à l'égard de son ancien patron, rétorque en criant : « *C'est important pour TOI, tu veux dire !* »

Cette fois, il a franchi une limite. Hollande redevient François. « *Tu arrêtes maintenant ! Tu ne me parles pas comme ça ! Allez dégage, dégage !* » C'est tout à coup l'homme qui parle, plus le premier secrétaire. Pour un peu, il en viendrait aux mains, lui qui se contrôle habituellement : « *Je ne te supporte plus ! C'est toi qui génères toutes les difficultés !* » Il faut parfois des scènes violentes, des cris, des corps à corps, pour que des évidences vous sautent à la figure. Ségolène Royal comprend qu'on lui demande de trancher. Elle met fin au supplice et à l'ambiguïté. « *J'irai dans le Pas-de-Calais.* » Plus tard, à ceux qui s'interrogent sur cette bruyante dispute, elle explique : « *Il faut comprendre... Ce n'est pas facile pour François.* »

Ce n'est pas facile, en effet. Depuis son investiture par le Parti socialiste, elle ne lui a rien épargné. Elle a d'abord choisi pour porte-parole Arnaud Montebourg, un beau parleur capable de renvoyer la droite dans ses cordes et de séduire les électeurs du « non », mais l'un des plus vifs adversaires du premier secrétaire. L'entourage de François Hollande s'en est offusqué. En vain. Ses conseillers n'avaient pas tort. Le 17 janvier, les directeurs de campagne envoient Montebourg sur le plateau du « Grand Journal », sur Canal +. « *Quel est le plus gros défaut de la candidate ?* » lui demande-t-on. Le porte-parole réfléchit : « *Ségolène Royal n'a qu'un seul défaut : c'est son compagnon.* »

Depuis quelques jours justement, la campagne de Ségolène Royal connaît des ratés. Au « 2-8-2 », Natalie Rastoin et Sophie Bouchet-Petersen râlent tous les jours contre ce chef de parti qui ne veut pas jouer les figurants et qui, au fond, pense « vieux ». Montebourg n'a fait que répéter tout haut ce que, toute la journée, on murmure autour de lui.

Quelques heures après son « bon mot », alors que le député de Saône-et-Loire l'appelle un peu ennuyé, la candidate n'a d'abord qu'une réaction : « *Tu lui mettras un petit mot pour t'expliquer, ça ira bien comme ça...* » Mais le patron du PS ne l'entend pas ainsi. Et encore moins son directeur de cabinet, Stéphane Le Foll. Il lui faut une sanction. « *Tu ne dois pas me laisser insulter par ton porte-parole !* » proteste Hollande. Contrariée par la colère de son compagnon, Ségolène Royal décide de « *suspendre* » Arnaud Montebourg pendant un mois. Comme, au fond, on exclut quelques heures de la classe un élève impertinent.

Au « 2-8-2 », on raille désormais la susceptibilité du compagnon, en plus de son conformisme. « *Il ne comprend rien à ce qu'elle est en train de faire* », répète Sophie Bouchet-Petersen. « *Franchement, il ne lui donne que de mauvaises idées* », renchérit Julien Dray. « *C'est un conseiller parmi d'autres* », veut croire Jean-Louis Bianco. « *Il voudrait tout diriger* », constate François Rebsamen. Ségolène Royal sait que la rue de Solférino tente désespérément de contrôler ceux qui portent ses couleurs. Gaucherie ? Pudeur ? Elle s'agace d'entendre François s'adresser à elle par médias interposés, comme Lionel Jospin le faisait avec Mitterrand. Comme s'ils n'étaient rien d'autre qu'un premier secrétaire et une candidate lambda...

Sous sa rondeur aimable, Hollande est un homme de pouvoir de la plus traditionnelle façon. Ses audaces n'ont jamais dépassé les Transcourants, les clubs Témoins et, au fond, le XXe siècle. Jamais de coup d'éclat, de prise de position iconoclaste. Rien qui puisse brusquer les militants, froisser les éléphants. Il n'a jamais aimé les outsiders, qu'ils soient mouvements de masse comme les altermondialistes, candidats venus d'ailleurs comme Daniel Cohn-Bendit, ou arrivés de nulle part comme José Bové. Il leur préfère les négociations électorales avec le Parti communiste, les radicaux de gauche et même la bonne vieille LCR.

Depuis que Ségolène est candidate, Hollande tente, de fait, de maîtriser une campagne qui lui échappe. Il avait nettoyé la place et dégagé la voie pour sa propre candidature : pendant de longs mois, il avait négocié avec l'ex-gauche plurielle pour éviter le désastre du 21 avril 2002. Contre une trentaine de circonscriptions, il avait neutralisé la concurrence intempestive de Christiane Taubira (660 000 voix et 2,32 % des suffrages exprimés en 2002). Puis troqué 10 autres tickets pour l'Assemblée contre les 1 500 000 voix qu'avait glanées Jean-Pierre Chevènement lors du dernier scrutin. Mais c'est Ségolène qui en a profité.

Depuis qu'il s'est effacé derrière elle, il veut au moins sauver son Parti, ses législatives... et sa peau de premier secrétaire. Longtemps, elle l'a écouté sans mot dire. Elle répétait : « *François, c'est le plus doué ! C'est un vaillant !* » Et, pour une fois, elle était tombée d'accord avec Lionel Jospin lorsque, en 1997, il lui avait confié les clés de la rue de Solférino pour gagner Matignon : « *Il est le meilleur d'entre vous.* »

Maintenant qu'elle a pris sa liberté, elle voudrait qu'il soit là, qu'il l'aide, qu'il reste disponible. Même si elle ne l'écoute pas toujours, loin s'en faut, et si au fil des jours elle diversifie ses avis. « *Ah bon ? Elle voit souvent BHL ? J'espère que ce n'est pas si fréquent et qu'on ne le fera pas savoir* », répond le premier secrétaire quand on évoque la place qu'occupe désormais le philosophe auprès d'elle. François, lui, n'a été autorisé à écrire qu'un seul de ses discours, celui qu'elle a prononcé à Rennes, en février. À son ami Jean-Pierre Jouyet, le patron de l'inspection des Finances, il a confié en souriant à demi : « *Ségolène n'a pas aimé que l'on dise partout que le texte était de moi.* » Ses partisans peuvent bien affirmer que le discours de Rennes est « *le meilleur qu'elle ait jamais prononcé* », le fait est là : Ségolène ne lui a jamais redemandé de jouer à nouveau sa « plume ».

Du coup, le voilà sur les routes. Puisqu'on l'accuse d'avoir « plombé » la campagne avec ses déclarations sur les impôts et le Smic, puisque les conseillers de Ségolène le jugent nocif et indésirable, il court la France, les estrades et les tréteaux, comme un Jean Rochefort campant le Lucien Jeunesse du « Jeu des mille francs ». Devant des parterres de militants socialistes blanchis par les années, il emballe la salle et la fait rire aux larmes en moquant les adversaires. François Bayrou est le clou de son spectacle. « *Moi-même qui suis à l'Assemblée nationale depuis 1988, je ne l'ai jamais rencontré,* commence-t-il généralement. *Il était, me dit-on, sur son tracteur. Pour Matignon, il veut un*

Delors jeune. Difficile pour Delors... Pourquoi pas un Montebourg vieux, ça arrivera, remarquez. Ou une Ségolène homme ? Ah, non, je ne vais quand même pas me sacrifier pour François Bayrou », lâche le compagnon solitaire.

« *Ce 22 avril 2007, je l'attendais depuis le 21 avril 2002* », confie-t-il en privé. Devant les micros, il dit seulement : « *Vous vous souviendrez : le 22 avril, c'est le lendemain du 21* », pour combattre les paresses. Il signe ensuite à tour de bras... des photos de Ségolène. Puis, quand les candidats socialistes aux législatives l'interrogent sur la ventilation des comptes de campagne, il résume les choses d'une blague : « *Si c'est une photo de Ségolène, c'est le compte de campagne de Ségolène, si c'est une photo du candidat, c'est le compte de campagne des législatives, si c'est une photo de Ségolène et du candidat, c'est moitié/moitié. Si c'est avec moi, c'est gratuit.* »

Forcément, au bout d'un moment, ces bizarreries finissent par étonner. Les électeurs s'interrogent. La rumeur enfle, atteignant son paroxysme lorsque *Le Parisien* commande et consacre sa une, le 21 janvier, à un sondage où les Français jugent à la fois « *pas claires* » (47 %) et « *complémentaires* » (46 %) les relations entre Ségolène Royal et François Hollande. La panique commence à gagner les équipes. Jean-Pierre Mignard, le parrain des enfants, décroche son téléphone, navigue de l'un à l'autre. L'affaire s'est apaisée. Mais il faut toute l'insistance des conseillers de Ségolène pour que, le 29 mars, lors d'un meeting à Limoges, proche de son fief de Corrèze, ils apparaissent ensemble à la tribune et qu'elle dépose enfin en public un baiser sur sa joue.

Comment comprendre, en effet ? Ce couple est un mystère et, pour Hollande, le sujet est tabou. Ce sont toujours les mêmes mots qui reviennent. Devant les journalistes, les hiérarques du PS prennent des airs de conspirateurs ou de médecins compatissants : « *Bon, et puis il y a... enfin vous savez...* » « *Je ne veux pas parler des problèmes du couple qui se surajoutent au reste et que vous connaissez...* » « *Évidemment, vous vous doutez bien que cela compte beaucoup, mais on ne peut pas en discuter...* » « *Cela s'ajoute à ce que vous savez...* » Par son silence, François Hollande alimente lui-même le débat qu'il redoute. Interrogé le 19 novembre 2006 par les lecteurs du *Parisien*, il a laissé entendre que l'après-victoire se ferait probablement sans lui : « *Si Ségolène Royal est élue, où allez-vous habiter ? — Chez moi !* » Le 5 avril, sur RTL, il explique que, le 6 mai, si la victoire est au rendez-vous, il fera « *la fête* ». Et après ? « *Je serai député si les électeurs en décident ainsi. Et autrement... je vivrai ma vie.* »

Il n'a jamais admis qu'elle s'épanche publiquement sur leur intimité, qu'elle ose le demander en mariage par médias interposés. En mars, Ségolène écrit pourtant dans *Maintenant*, son livre d'entretiens avec une journaliste de *Elle*, Marie-Françoise Colombani : « *Oui, nous sommes toujours ensemble et oui, nous vivons toujours ensemble.* » Mais c'est aussitôt pour accuser « *l'entourage* » de son compagnon d'avoir « *dissuadé* » François d'accepter « *un mariage en pirogue, à l'autre bout du monde, par crainte du ridicule. Moi, je crois que la crainte du ridicule, il faut s'asseoir dessus quand on a envie de saisir un bonheur inattendu qui passe. Mais bon, je n'ai pas insisté. Nous n'avons pas besoin de cela pour nous aimer* ». La mise en scène le ridiculise et le blesse. Pour parade, à France Inter qui l'interroge, il affirme : « *Je n'ai pas lu le livre de Ségolène.* » Comment le croire ?

Autour de la candidate, tout le monde se mêle de leur vie. Longtemps, comme beaucoup de femmes, elle a assumé plus que sa part de la charge des enfants : cantine, travail, médecin, études... Maintenant qu'elle sillonne la France, elle voudrait qu'il l'assume à son tour. Un jour, Rebsamen appelle Hollande pour lui reprocher de ne pas veiller Flora, la dernière fille du couple, qui a attrapé une mauvaise grippe. « *Tu pousses un peu, quand même. Occupe-toi d'elle, Ségolène est en campagne !* »

Qui reste autour de lui ? Son cabinet – Stéphane Le Foll, Olivier Faure, Frédérique Espagnac –, totalement dévoués à sa cause. Les amis de toujours, Jean-Pierre Jouyet et Jean-Maurice Ripert qui, s'ils ont rompu avec Ségolène, continuent de déjeuner avec François et s'attristent de le voir « *souffrir en silence* ». On trouve enfin ceux qui font l'aller et retour au sein du couple, des journalistes Edwy Plenel et Jean-Marie Colombani aux bons amis Jean-Pierre Mignard et Bernard Murat, le chaleureux directeur du théâtre Édouard-VII.

Même les aînés du couple, au fond, ont été obligés de choisir. Alors que la candidature de sa campagne commençait à s'imposer dans l'opinion, le premier secrétaire avait lancé : « *Ce sont les enfants qui décideront.* » Dans son esprit, c'était une boutade. Pas dans celui de Ségolène. Ils choisissent, effectivement. Et ce n'est pas leur père.

Thomas Hollande, l'aîné des quatre enfants, a pris la tête d'une « Ségosphère » de jeunes internautes enthousiastes et mène campagne dans les salles des fêtes. Le 22 avril, à l'heure des résultats, il est sur les télévisions la deuxième personnalité de gauche à prendre la parole… après Dominique Strauss-Kahn. Il n'a que vingt ans. La dureté de la jeunesse. La méconnaissance de l'effet ravageur des médias. Hollande découvre un jour que son fils a accordé un petit entretien où Thomas vante les qualités de sa mère. Sur lui, il lâche seulement : « *Il est plus classique, plus traditionnel. Je n'aurais pas eu ma place dans cette campagne-là.* » En lisant les propos de son filleul, Jean-Pierre Mignard approuve en souriant : « *Il a raison. Très bien.* »

Seuls ceux qui les connaissent peuvent oser LA question. Fin mars, Jacques Delors, statue du commandeur du couple qu'il a longtemps couvé avant que celui-ci ne le délaisse, déjeune avec la candidate. Au menu, bien sûr, la politique et l'Europe. À l'heure du dessert, l'ancien président de la Commission européenne se risque sur le sujet qui brûle depuis des semaines ses lèvres et celles de ses amis. « *Mais que se passe-t-il avec François ?* » Ségolène rit sans répondre. « *Il regrette toujours de ne pas s'être présenté ?* » La candidate jette alors cette réplique cinglante : « *Il ne pouvait plus le faire. À force de tergiverser et de truander les autres…* » Jacques Delors n'a pas insisté.

Un autre jour, François Rebsamen a glissé à Hollande en riant : « *Tout cela ne serait pas arrivé si tu l'avais demandée en mariage.* » Comme si, dans une vision qui fleure bon ces clichés que Ségolène Royal abhorre, l'ambition de la candidate n'avait pu naître ailleurs que sur une peine de cœur. Hollande n'a même pas relevé.

19

Bayrou, *casus belli*

Les quelques militants qui l'attendent encore ont apporté des drapeaux tricolores et coiffé d'étranges bonnets phrygiens. Il est bientôt minuit, ce 22 avril, les résultats du premier tour de l'élection présidentielle sont désormais définitifs, mais la candidate n'est toujours pas là. François Hollande a passé vingt coups de fil à l'équipe de campagne sans qu'on l'éclaire sur la suite de la soirée. Le patron du PS attend au bas du podium installé en travers de la rue de Solférino quand son portable sonne. C'est Ségolène, enfin. « *Fais-les patienter, j'arrive.* »

François Hollande saisit donc le micro devant ces militants désorientés par les 26 % de suffrages qui qualifient leur championne pour le second tour mais la placent loin derrière les 31 % de voix réunies par Nicolas Sarkozy. Le premier secrétaire est là pour chauffer cette petite foule, mais – stupéfaction – il parle comme s'il était lui-même le candidat. Au bas du podium, le metteur en scène Bernard Murat, ami du couple, sourit : « *C'est toujours la même histoire...* »

C'est toujours la même histoire, en effet. Durant toute la journée, Hollande n'a cessé de s'inquiéter que Ségolène ne passe pas le premier tour. Et voilà, maintenant qu'elle est qualifiée, qu'il est atteint… d'une extinction de voix. Son timbre est brisé comme celui des supporters qui se sont déchaînés en vain pour leur champion.

C'est toujours la même histoire : celle d'un François qui ne veut rien lâcher, celle d'une Ségolène qui mène son affaire dans son coin. Une nouvelle bataille vient pourtant de s'ouvrir. Car dans l'avion qui la ramène du Poitou-Charentes au Bourget, la candidate a déjà mis en place son plan de guerre. Elle sait qu'elle a été médiocre dans son intervention télévisée. Que ce texte, qu'elle a écrit et réécrit elle-même avant de le prononcer tard dans la soirée, d'une voix monocorde, n'a pas convaincu. Qu'elle aurait dû mieux s'y préparer au lieu de passer l'après-midi à s'occuper de la sieste des uns, du confort des autres, du déjeuner des amis de Thomas. Mais elle veut tenter encore sa chance. Dût-elle bouleverser de fond en comble le système des alliances de ce Parti socialiste qui décidément l'agace.

Dans l'avion, elle a élaboré avec Julien Dray, Natalie Rastoin, Sophie Bouchet-Petersen et Thomas Hollande – autant dire la famille – la stratégie de son entre-deux tours. François Bayrou a réuni 18,5 % des voix. C'est beaucoup. Et cela ne lui laisse pas d'autre choix, si elle veut encore avoir la moindre chance de l'emporter, que de s'adresser « *à tout le monde* », c'est-à-dire aux centristes. Et, au-delà des électeurs, à François Bayrou lui-même. Elle veut s'y atteler dès le lendemain.

Ségolène Royal n'ignore pas pourtant que cette alliance est inconcevable pour son compagnon. Le Parti socialiste de Hollande, c'est encore et toujours la gauche plurielle, celle de ses grandes heures avec Lionel Jospin. Tant pis si le Parti communiste a quitté la scène politique avec le XXe siècle et si les Verts ont disparu. « *Il n'y a pas d'alliance concevable entre la gauche et une partie de la droite* », a-t-il lâché le 13 avril, alors que Michel Rocard, dans une tribune publiée par *Le Monde*, a appelé à une « alliance » entre Ségolène Royal et François Bayrou « *avant le premier tour* ». En privé, il n'a pas mâché ses mots : la proposition de Rocard ? « *Elle est indigne.* »

Voilà pourquoi lorsque, vers minuit, ce soir de premier tour, Daniel Cohn-Bendit, chantre des grandes coalitions sociales-démocrates et camarade au Parlement européen de François Bayrou, vient trouver Hollande rue de Solférino, il est reçu avec froideur. Le patron du PS écoute en silence l'élu vert expliquer qu'il « *faut éviter de s'enfermer dans le traditionnel débat droite-gauche, sinon Sarkozy a gagné* ». « *Le personnage idéal, celui qui peut parler aux électeurs de Bayrou, c'est Jacques Delors* », ajoute le député vert allemand. Il est poliment raccompagné à la porte. Hollande n'en dira pas un mot à Ségolène.

La candidate n'hésite plus, pourtant. Encouragée par Julien Dray, l'homme de toutes les *combinazione*, et François Rebsamen, qui remarque que tous les exécutifs locaux travaillent avec les centristes, elle a décidé de convoquer, pour cet entre-deux-tours, toutes les figures de l'ouverture et tous ces héros de la sociale-démocratie jusque-là tant décriés : Dany Cohn-Bendit, Jacques Delors et Dominique Strauss-Kahn. Pour ne pas effrayer l'électeur « bayrouiste », il faudra charger Jean-Pierre Chevènement de rédiger secrètement les dix premières mesures de son gouvernement. Bien loin des caméras.

Mais elle veut aller plus loin. François Hollande a expliqué qu'il faudrait s'adresser « *directement* » aux seuls électeurs de François Bayrou. Elle n'est pas de cet avis. Maintenant, elle joue le tout pour le tout. Ce lendemain de premier tour, elle appelle le président de l'UDF lui-même pour lui proposer une « *rencontre publique* ».

Est-il possible que ce Parti socialiste, qui a freiné depuis cinq ans toute tentative de rénovation, accepte maintenant sous la contrainte le grand saut idéologique de l'alliance avec le centre ? Ségolène Royal le croit. Elle a appelé Pierre Mauroy, tout de même, afin de s'éviter les critiques du gardien du temple socialiste. Après l'appel de Rocard, l'ancien premier ministre avait tonné : « *S'il ne s'agissait pas d'une figure historique comme Michel, c'est le genre de choses qui vaudrait une exclusion du parti.* » Il n'est pas plus emballé depuis les résultats du premier tour, mais il ne bronchera pas. Il faut maintenant amadouer Dominique Strauss-Kahn qui pourrait voir d'un mauvais œil Bayrou lui contester soudain le leadership du courant social-démocrate. C'est décidé : Ségolène le conviera à déjeuner, sous l'œil des caméras. Mais il reste encore et toujours Hollande.

C'est lui le plus réticent. Depuis le mois de février, dans toutes les réunions du bureau national du PS, il n'a cessé d'attaquer vigoureusement le président de l'UDF : « *Sur les points essentiels, Bayrou et Sarkozy convergent. Il est la droite.* » Il régale depuis des mois les médias de petites phrases contre l'UDF, dans un formidable florilège. « *Bayrou s'inscrit dans un processus d'élimination de la gauche, à la présidentielle comme aux législatives* », a-t-il écrit dans *L'Hebdo des socialistes* dès le 24 mars. Le 16 avril, il a renchéri : « *Ceux qui ont depuis toujours espéré une relation avec le centre et le centre-gauche n'ont jamais rien vu venir.* » Le 19, il a persisté encore : « *La posture de Bayrou frise l'imposture, nous déjouerons sa manœuvre.* »

Autant dire que, lorsque Ségolène évoque devant lui l'idée d'un appel à Bayrou, il s'étrangle. Quoi ? Citer Bayrou ? Elle s'entête. Il menace de la désavouer au journal de 20 heures. Devant sa fureur, Ségolène Royal fait donc mine de céder, mais, devant la presse, dès le 23 avril, elle prononce clairement le nom tabou. Le lendemain, à Montpellier, elle franchit une nouvelle étape : rien, explique-t-elle, n'interdit de faire appel en cas de victoire, « *à des ministres centristes* ».

Au PS, aucun des barons de la gauche n'a été prévenu. « *Il paraît qu'elle veut nommer des ministres centristes* », appelle, affolé, un collaborateur de Jean-Pierre Bel. « *Mais tu rêves,* répond le président du groupe socialiste au Sénat. *C'est impossible.* » Elle va vite. Trop vite, sans doute. Au sein même de l'équipe de campagne, le trouble s'installe. Le fabiusien Claude Bartolone, qui en a assez d'apprendre la stratégie de la candidate par l'AFP, a décidé de se retirer du jeu. Les autres ne savent plus sur quel pied danser. Quelques jours auparavant, Jack Lang n'avait-il pas qualifié l'appel au centre de Michel Rocard d'« *absurde et immoral* » ? Jean-Pierre Chevènement n'avait-il pas parlé de « *manœuvres ineptes* » et Vincent Peillon, porte-parole de la candidate, de « *bouffonnerie* » ?

L'élection n'est pas encore perdue. C'est de toute façon leur dernière chance. Puisque Ségolène l'a décidé, tous ses alliés tournent casaque en une nuit. Chevènement souligne désormais l'« *audace stratégique* » de sa chef de file. Jack Lang n'a plus « *aucun état d'âme* », et affirme que le PS ne se déplace « *absolument pas vers la droite* ». François Rebsamen, invité de RTL, assure que, « *au conseil politique du PS, le 24 avril, personne n'a remis en cause une démarche qui existe depuis François Mitterrand* ».

Il ment. Personne n'a abordé parmi les dirigeants du PS le sujet tabou. Le lendemain, en revanche, lorsque les secrétaires nationaux du parti se réunissent autour de François Hollande, c'est la consternation. Daniel Vaillant, Jean Glavany, Claude Bartolone, Harlem Désir et Benoît Hamon dénoncent « *le renversement d'alliances* » et « *l'absence de collégialité* » de cette décision. « *Je n'ai pas souvenir de la réunion de démocratie participative où une telle alliance avec l'UDF aurait été discutée* », ironise Daniel Vaillant. Au fond, tous ceux qui ont résisté depuis cinq ans à la rénovation du PS refusent de voir leur parti obligé d'y venir sous la pression électorale. Julien Dray et David Assouline tentent de justifier la démarche de la candidate : « *Il faut lever les a priori que les électeurs de François Bayrou ont sur la gauche et faire basculer ce noyau qui peut changer l'élection le 6 mai.* » Ils doivent faire face à un Hollande exaspéré : « *J'interviendrai ce soir pour siffler la fin de la récréation.* » Tout le monde a compris que sa compagne ne l'a pas associé le moins du monde à son « ouverture ». Guillaume Bachelay, l'une des plumes de Laurent Fabius, résume cruellement le sentiment général : « *Premier secrétaire, dernier informé.* »

La candidate a décidé de forcer la main de tous. Y compris et peut-être surtout celle de son compagnon. Elle s'en est inquiétée un temps : « *Je n'aurais peut-être pas dû parler des ministres UDF.* » Mais autour d'elle, sa petite troupe de conseillers enrage contre le premier secrétaire. Et puisque, dans les sondages, son rival Nicolas Sarkozy continue à creuser l'écart, plus rien ne l'arrête. Le divorce avec les dirigeants du PS et, au premier chef, son compagnon, paraît consommé. « *Le premier ministre sera socialiste* », dit François Hollande. Dans une interview au *Monde*, elle, en revanche, ne repousse plus désormais l'idée de nommer François Bayrou à Matignon. Pour calmer le jeu, elle demande seulement au quotidien, le 2 mai, de rajouter ce mot sur Dominique Strauss-Kahn : « *Dominique ferait un très bon premier ministre.* » Jacques Delors confie, radieux, à

Daniel Cohn-Bendit : « *Cette femme a fait en trois jours ce que je n'ai pas réussi à faire en vingt ans.* »

Samedi 28 avril, elle débat avec François Bayrou devant 200 journalistes et les caméras. Une vraie démonstration du « Tout sauf Sarkozy », se félicite-t-elle. Mais Sarkozy, justement ? Il s'est d'abord exaspéré de voir le candidat UDF discourir de concert avec sa rivale : « *Il y en a qui sont dans un grand hôtel à bavasser ensemble, à discuter boutique et parti. Moi je suis au milieu des Français* », lâche-t-il à Valenciennes, au bras de son centriste à lui, Jean-Louis Borloo. Mais il prépare déjà sa contre-attaque, et d'abord ce débat télévisé qui doit les opposer le 2 mai.

Pour lui, c'est une étape décisive. Il doit rassurer tous ceux qui craignent sa brutalité, sa violence verbale, son « agitation ». Il potasse donc en professionnel tous ses dossiers. Il a fait venir pour une réunion de travail à Porto-Vecchio, en Corse, Valérie Pécresse, la « Madame famille » de l'UMP, et Nathalie Kosciusko-Morizet, spécialiste des questions d'environnement, les deux dossiers phares de Ségolène. Il a aussi invité Éric Besson qui connaît mieux que personne les lacunes du programme économique du PS.

Avant le duel, la candidate joue désormais les dilettantes. « *Vous faites comme tous les autres, vous me mettez la pression sur ce débat, comme si c'était la clé de la campagne* », sourit-elle à son ami Bernard-Henri Lévy. La veille, elle est restée sous les vivats de la foule de ses supporters massée au stade Charléty, à Paris. On la presse de partir ?

Elle profite encore de ces applaudissements : « *Vingt-deux heures ? Oh, ça va, il n'est pas tard !* » lance-t-elle à ceux qui voudraient la voir se reposer. Au QG de la candidate, la joyeuse bande s'amuse depuis quinze jours, avec une forme de coquetterie, de son propre amateurisme. « *Il paraît que, en face, ils sont en train de travailler depuis deux mois, de visionner des cassettes de Ségolène, de bosser des argumentaires. Et nous, comme d'habitude, on ne fait rien* », sourit le Marseillais Patrick Mennucci. Est-ce une si bonne idée ?

À quelques heures du débat, pourtant, la panique semble gagner le « 2-8-2 ». Camille Putois, la chef de cabinet, lance quelques appels désespérés. On manque de statistiques et d'arguments. Comme toujours, aucun responsable socialiste n'est sollicité. La petite équipe d'experts de Jean-Pierre Chevènement, les technocrates amis glissés dans les ministères de la droite au pouvoir, tout vaut mieux que les spécialistes du parti.

« *Tout se joue dans les dix premières minutes* », a écrit sur une note un ancien conseiller en communication de François Mitterrand. Sa lettre a-t-elle seulement été lue, dans la pile de courriers qui, depuis quelques jours, s'accumule au « 2-8-2 », et que Jean-Louis Fulachier tente de trier ? Ségolène Royal part au débat avec une pile de chiffres qu'elle a soigneusement notés sur des fiches et une trouvaille glissée par Julien Dray. Trois jours plus tôt, une policière a été violée, tout près de son commissariat. Face à l'ancien ministre de l'Intérieur, la candidate va réclamer que toutes les femmes policières soient désormais raccompagnées chez elle après le travail...

À l'issue du débat, on la félicite pourtant, on s'enthousiasme. Et pour cause : seuls sont présents dans les studios le carré de fidèles du « 2-8-2 ». Aucun éléphant, aucun socialiste, pas même François Hollande. Ainsi en a décidé Ségolène. Le lendemain, c'est la douche froide. En fin d'après-midi, Gérard Le Gall, le « Monsieur sondages » du PS, téléphone à Camille Putois. « *L'extrême gauche décroche depuis les appels à Bayrou. Une majorité d'électeurs centristes revient depuis le débat d'hier soir vers Nicolas Sarkozy.* »

Elle a compris maintenant. À Lille, Ségolène Royal, les larmes aux yeux, s'adresse à cette « *foule sentimentale* » dont elle a déjà la nostalgie. Elle ne peut plus ignorer qu'elle a perdu. Elle si vaillante, si exaltée, ne veut plus voir personne. Elle commande une voiture et abandonne son équipe à sa solitude, délaissant les artistes Costa-Gavras, Jacques Weber, Dominique Besnehard et Marie Darrieussecq, venus la soutenir.

C'est un vieux travers, chez Ségolène : lorsqu'elle sent que son destin lui échappe, elle devient vindicative. À deux jours du second tour, elle dérape : elle lance « *une alerte sur les risques de violence et de brutalité qui se déclencheront dans le pays* » si Nicolas Sarkozy est élu. Elle a été sacrée candidate grâce aux enquêtes d'opinion et aux médias ? La voici qui fustige ces « *sondages mensongers* » et « *ce complexe médiatico-financier qui fait que tous les jours on assiste sur la chaîne de Bouygues et les relais de Lagardère à des tracts électoraux pour le candidat de la droite parce que leurs intérêts financiers sont liés* ». Au premier rang de son dernier meeting, à Brest, Jean-Louis Bianco pleure. François Rebsamen est déjà à Dijon, injoignable.

Elle, la candidate surgie de nulle part, la reine du hold-up politique, cette femme fatale aux éléphants, ne parvient pas à s'arracher à ses supporters. « *Ce qui est important, c'est la manière dont nous nous aimons les uns les autres. Laissez-moi profiter encore de ce moment incomparable.* »

Conclusion

On la devine à peine derrière les vitres fumées de la limousine. Les photographes la traquent comme une star qui descendrait la Croisette du prochain festival de Cannes. Il est 20 heures, dimanche 6 mai, et Ségolène Royal quitte son quartier général du boulevard Saint-Germain pour se rendre à la maison de l'Amérique latine où, après sa défaite face à Nicolas Sarkozy, elle a invité ses amis.

Pas d'élus socialistes, ou si peu. Pas d'« éléphants » en tout cas. Pour ce dernier soir de campagne, elle ne veut pas de ce parti qu'elle rend responsable de son échec. Se doute-t-elle que ses anciens rivaux de la primaire socialiste, Dominique Strauss-Kahn et Laurent Fabius, se préparent déjà à la condamner ? Sur la pelouse, Ségolène Royal a rassemblé des artistes agrégés sur le tard à sa campagne, des stars de cinéma, des écrivains, des acteurs, tout un monde brillant d'où émergent Emmanuelle Béart, François Ozon, Marie Darrieussecq ou Marianne James. Les « mod's » de Désirs d'avenir côtoient les intimes de toujours, comme le metteur en scène Bernard Murat. Les « Amis de Ségolène » ont perdu leur sourire, mais Dominique Besnehard, le casteur des stars, celui qui a vu en la candidate sa nouvelle Nathalie Baye, assure encore : « *Elle est comme une étoile.* »

La candidate a prévu de prendre la parole dès 20 heures 05. Il faut tenir son rang, marquer sa place et tenter d'étouffer les critiques. « *Quelque chose s'est levé qui ne s'arrêtera pas*, lance-t-elle devant les caméras. *J'ai donné toutes mes forces et je continuerai près de vous et avec vous. Ce que nous avons commencé ensemble, nous allons le continuer ensemble. Mon engagement et ma vigilance seront sans faille au service de l'idéal qui va, j'en suis sûre, nous rassembler demain pour d'autres victoires.* » D'autres victoires… Comme si ce soir-là n'était pas un échec.

Ségolène parle le Ségolène, mais chacun a compris son ambition : malgré sa défaite, elle prend date pour la prochaine échéance présidentielle, en 2012. Quelques heures plus tôt, lors d'un déjeuner qu'elle a offert dans son jardin de Melle à quelques journalistes soigneusement choisis, elle a expliqué : « *Si on gagne, on ne s'arrête pas. Si on perd, on continue.* »

Mais il y a plus. Malgré son échec à la présidentielle, elle entend sauvegarder, au-delà de son ambition personnelle, une ébauche de projet politique. « *Vous pouvez compter sur moi pour approfondir la rénovation de la gauche et la recherche de nouvelles convergences au-delà de ses frontières actuelles* », explique-t-elle. Et tant pis si ces mots sonnent comme un désaveu de ce compagnon que Julien Dray et tous ses conseillers ont déjà condamné.

Ségolène Royal rejoint la rue de Solférino à pied. Entourée d'un solide carré de gardes du corps, elle goûte les vivats, hume les clameurs, remplit ses poumons et ses oreilles, comme si elle voulait prendre des forces pour les cinq années à venir. « *Ségolène présidente !* » : les pancartes de la campagne sont hissées devant elle. Des femmes s'enveloppent de drapeaux, d'autres serrent les affiches de la candidate contre elles, comme des icônes.

François Hollande a parlé derrière un pupitre. Ségolène Royal préfère à nouveau, comme les reines et les stars, les saluts et les baisers au balcon néo-impérial qui surplombe le porche de la rue de Solférino. On lui lance des roses rouges, elle sourit encore et toujours : « *Tous ensemble, nous allons continuer cette extraordinaire campagne !* » « *Tous ensemble !* », répondent ses fans.

Elle se laisse à nouveau porter par des olas et des vivats, des « *mercis* » et des « *à bientôt* ». D'autres batailles l'attendent, espère-t-elle. Mais, ce soir, comme l'héroïne de *Sunset Boulevard*, Ségolène Royal profite de son dernier moment de gloire.

Table

Des mêmes auteurs

Raphaëlle Bacqué

Chirac président, les coulisses d'une victoire,
avec Denis Saverot, Éd. du Rocher/DBW, 1995.

Seul contre Chirac,
avec Denis Saverot, Grasset, 1997.

Chirac ou le démon du pouvoir,
Albin Michel, 2002.

Ariane Chemin

Jospin et compagnie,
Histoire de la gauche plurielle,
avec Cécile Amar, Seuil, 2002.

La Promo,
Stock, 2004

Une famille au secret,
Le Président, Anne et Mazarine
avec Géraldine Catalano, Stock, 2005.

8608

Composition Nord Compo
Achevé d'imprimer en France (Malesherbes)
par Maury-Eurolivres
le 3 février 2008
Dépôt légal février 2008. EAN 9782290008751

Éditions J'ai lu
87, quai Panhard-et-Levassor, 75013 Paris

Diffusion France et étranger : Flammarion